Martin Ullrich

Quirlige
Frettchen

Kosmos

Frettchen-Liebe von Kopf bis Fuß: Aus dem ehemaligen Jagdhelfer ist ein Heimtier geworden,...

... mit dem so richtig „Leben in die Bude" kommt. Bei richtiger Haltung und Pflege viele Jahre lang!

Inhalt

Es gibt fast nichts, was ein neugieriges Frettchen nicht interessiert.

Domestizierte Raubtiere

Das sind Frettchen

In der ersten Zeit meiner Frettchenhaltung wußten Spaziergänger im Wald mit meinen Frettchen nicht viel anzufangen. Eigentlich war keinem so recht klar, um welche Tiere es sich eigentlich handelte.

Typsich Frettchen: Unbändige Neugier.

2.500 JAHRE FRETTCHEN

Viele Frettchenhalter müssen sich sogar von Tierärzten und selbst Amtstierärzten vorwerfen lassen, Frettchen seien ja schließlich Wildtiere und ihre Haltung als Heimtier zumindest fragwürdig, wenn nicht gar Tierquälerei. Das ist schlicht falsch!

Mensch und Frettchen – eine sehr alte Verbindung.

Sehr alte Haustiere

Frettchen haben eine lange Geschichte: In einer Komödie des Aristophanes (um 450 v. Chr.) werden sie bereits erwähnt. Aristoteles beschreibt im vierten Jahrhundert vor Christus ein Tier, das er „Ictis" nennt, das gerne Honig und Vögel fresse und bei der Jagd behilflich sei.

Der Römer Strabo (um 70 v. Chr.) schreibt in der „Geographica" über die Kaninchenjagd in Nordafrika mit Frettchen. Plinius (23-79 n. Chr.) berichtet, daß Kaiser Augustus zur Bekämpfung der dortigen Kaninchenplage einige „Viverrae" auf die

Das Iltisfrettchen ähnelt seinem wilden Stammvater.

Balearen bringen ließ. Dschingis Khan soll im 13. Jahrhundert mit Frettchen gejagt haben. Seitdem wird das Frettchen eigentlich immer mit der Kaninchenjagd in Verbindung gebracht. So ist im 14. Jahrhundert von einem marderähnlichen, weißen Tier die Rede, das in England und Deutschland zur Kaninchenjagd verwendet wurde. 1390 wurde in England ein Gesetz erlassen, das das Recht, Frettchen zu besitzen, regelte. Petrus de Crecentus

Die ursprüngliche Haustierform: Das Albinofrettchen.

Nur im Winter weiß: Das Große Wiesel.

in Deutschland beschreibt 1583 in seinem „New Felde und Ackerbaw“ die Kaninchenjagd mit dem „Furon“. Aber auch als Ratten- und Mäusejäger in Haus und Hof wurden Frettchen eingesetzt.

Die Hauskatze, ursprünglich aus Ägypten stammend, war den Römern zwar wohlbekannt, in unser kaltes Mitteleuropa kam sie aber erst mit den Kreuzzügen. Es dauerte noch mehrere hundert Jahre bis sie sich als Hofkatze endgültig gegen die ansässigen Frettchen durchsetzte.

Leonardo da Vinci's Bild „Dame mit Hermelin“ zeigt eindeutig ein Frettchen, kein Großes Wiesel.

Der Siegeszug der Hauskatze war allerdings so erfolgreich, daß bereits im 19. Jahrhundert das Frettchen nur noch Jägern geläufig war.

RATTE? MARDER? HUNDERASSE?

Mit dem Schwinden vieler Jagdtraditionen schien das Schicksal des Frettchens besiegelt. Nicht einmal mehr Jägern war das Frettchen bekannt. Aus meinen eigenen Erfahrungen kann ich ich zwei Begebenheiten schildern:

Ein mir „ausgebüchster“ weißer Frettchenrüde wurde von einem Jäger mitten im Sommer als Hermelin angesprochen, obwohl er mindestens viermal so schwer war, wie der größte Hermelinrüde. Außerdem ist das Große Wiesel nur im Winter weiß, hat dabei immer eine schwarze Schwanzspitze und niemals rote Augen.

Ein Jäger aus dem Nachbarrevier, dem ich im Wald mit meinen „Jungs“ begegnete, war der festen Auffassung, beim Frettchen handele es sich um eine Zuchtform des Steinmarders, und erzählte mir Erlebnisse eines Jagdfreundes mit dessen zahmem Steinmarder.

Der Europäische Waldiltis ist die Stammform aller Frettchen.

Begegnungen mit Spaziergängern verliefen noch frustrierender:

„Zoologisch Gebildete“ identifizierten meine Tiere als die, die ihnen die Kühlschläuche am Auto zerbissen. Andere fragten, ob Ratten nicht eigentlich haarlose Schwänze hätten.

Heute werden die Frettchen immer häufiger als Frettchen erkannt. Die unweigerliche Frage, ob „Frettchen in der Wohnung denn nicht alles annagen", zeigt, daß die Leute aber immer noch nicht viel mehr wissen, als in den Anfangstagen meiner Frettchenhaltung.

Das kleinste Landraubtier der Welt: Das Mauswiesel.

Marderartige

Daß unsere Haushunde - vom Chihuahua bis zur Dogge - vom Wolf abstammen, ist den meisten Menschen geläufig. Auch die Abstammung unserer Hauskatze von der Nubischen Falbkatze ist vielen klar. Aber von wem stammt denn nun das Frettchen ab?
Daß Frettchen Raubtiere sind, können Sie leicht an den deutlich sichtbaren Fangzähnen erkennen. Ihrem Erscheinungsbild nach gehören sie offensichtlich weder zu den Hundeartigen, noch zu den Katzenartigen. Wer aber hätte gedacht, daß sie zoologisch zur Familiengruppe der Bärenartigen gehören? Innerhalb dieser Gruppe stellt die Familie der Marderartigen eine Reihe uns durchaus bekannter Tiere: Der Steinmarder als „Automarder" und Hühnerdieb gehört genauso dazu, wie der Dachs, der Fischotter und der gefürchtete Vielfraß. Auch das Stinktier zählt in diese Verwandtschaft.
Brehm berichtet um die Jahrhundertwende in seinem „Tierleben", daß Frettchen häufig „weichlich" seien und viele Jäger deshalb den Waldiltis einkreuzten. Wenn Tierarten fruchtbar gekreuzt werden können, ist das ein sicherer Hinweis auf nahe Verwandtschaft. Wissenschaftlern genügt das aber nicht, sie wollen es genau wissen. Nach jahrelangem Streit konnte mit ziemlicher Sicherheit geklärt werden, daß das Frettchen weder vom osteuropäischen Steppeniltis, noch von einer „ausgestorbenen nordafrikanischen Iltisart" abstammt,

STECKBRIEF

	Rüde	Fähe
Kopf-Rumpf-Länge	35–50 cm	30–40 cm
Schwanzlänge	13–19 cm	11–16 cm
Gewicht	1000 bis über 2000 g	500–1000 g
Farbe	variabel, von dunkel iltisfarben bis albino, auch Schecken	
Alter	5–15 Jahre (durchschnittlich 8–12 Jahre)	

„FRETTCHENLATEIN"

Begriff	Bedeutung
Branten	Pfoten
decken	verpaaren, begatten
Fähe	weibliches Tier
Fänge	zu Fangzähnen verlängerte Eckzähne
Geheck, Wurf	die Jungen einer Fähe aus einer Trächtigkeit
Grannen	langes, steifes Deckhaar
Lauscher	Ohren
Losung	Kot
muckern, goggern, keckern	Lautäußerungen des Frettchens
Nestgezwitscher	Lautäußerungen der noch blinden und tauben Jungen
Nuß, Schnalle	weibliches Geschlechtsorgan, Vulva, Scheide
Ranz	Paarungszeit, Paarungsbereitschaft
Riecher	Nase
Rüde	männliches Tier
Rute	Schwanz
Seher	Augen
Unterwolle	kürzeres, weiches, isolierendes Haar
Weidloch	After
Welpe	Jungtier
wölfen	gebären

TIP: Frettchen leben seit über zweitausend Jahren als Haustiere. Sie sind weder Nagetiere, noch Hunde- oder Katzenartige, sondern Marderartige und stammen vom Waldiltis ab. Frettchen sind Raubtiere!

europäischen Waldiltis.
Das Frettchen ist also die Haustierform des Europäischen Waldiltis, so, wie der Hund die Haustierform des Wolfes ist und die Hauskatze die der Nubischen Falbkatze. In Gesprächen mit interessierten Spaziergängern erkläre ich oft, daß so wie der Hund ein „Hauswolf", das Frettchen eben ein „Hausiltis" ist.

FACHSPRACHE

Jäger haben ihre eigene Sprache, und damit ist hier nicht das „Jägerlatein" gemeint. Da das Frettchen über Jahrhunderte jagdlich genutzt wurde, gibt es Fachausdrücke aus der Jägersprache, die sich auch bei nichtjagenden Frettchenliebhabern eingebürgert haben: „Ein Frettchen sollte klare *Seher*, nicht zu harte *Grannen* und eine weiche *Unterwolle* haben. *Lauscher*, *Weidloch* und *Schnalle* sollten frei von Verunreinigungen sein, die *Losung* fest und geformt, aber nicht trocken.
Wenn die *Fähe* in die *Ranz* kommt, schwillt ihre *Nuß* bis auf Kirschgröße an. Der *Rüde* nähert sich *muckernd* und *goggernd*. Er versucht einen Nackenbiß anzubringen und die Fähe zu *decken*. Die Fähe *wölft* ihre *Welpen* nach 42 Tagen. Das *Geheck* kann bis zu 16 *Welpen* groß

sein. Zunächst ist nur ein *Nestgezwitscher* zu hören. Wenn die *Welpen* die Wurfkiste verlassen, sind sie noch nicht sehr behende auf den *Branten*. Der *Riecher* ist aber bereits ständig in Bewegung und die *Fänge* sind schon nadelspitz. Beim geringsten ungewohnten Geräusch sträubt sich die *Rute*."

Alles klar?

Ganz ehrlich! Wieviel haben Sie verstanden? Ich gebe zu, einige Begriffe in den Text gemogelt zu haben, die auch bei gestandenen Frettchenliebhabern eher selten verwendet werden. Dennoch mögen sie Ihnen hier und da begegnen. Versuchen Sie doch einmal, den Text mit Hilfe der Tabelle auf S. 8 zu übersetzen. Viel Spaß dabei!

„RASSENKUNDE"

Was ist denn ein „Rassefrettchen"? Schon verkehrt: Es gibt große Frettchen und kleine, dicke und dünne; es gibt alle möglichen Farben und mittlerweile auch Angorafrettchen. Aber Rassen, die gibt es eigentlich nicht! Das muß wahrscheinlich erklärt werden. Schwarze Deutsche Schäferhunde sind nach wie vor Deutsche Schäferhunde. Und denken Sie an die Europäische Hauskatze, die als eigene Rasse gilt! Was für eine Vielfalt an Farben gibt es da, und trotzdem würde niemand auf die Idee kommen, etwa alle dreifarbigen Katzen als eigene Rasse zu bezeichnen. Um von einer Rasse reden zu können, müssen neben Farbe und Fellstruktur auch eigene körperbauliche Merkmale gegeben sein, die an die Nachkommen weitergegeben werden und diese deutlich von anderen abgrenzen. Und genauso verhält es sich auch beim Frettchen: Es wird viel von „Rassen" gere-

Haustiere unter sich: Hund und Frettchen sollten behutsam aneinander gewöhnt werden.

Der Steinmarder: Hühnerdieb und Automarder?

Menschenscheuer Waldbewohner: Der Baummarder.

wird viel von „Rassen" geredet, auch von Züchtern. In Wirklichkeit kann aber nur von Farbspielarten, -varianten, -schlägen oder Fellvarietäten gesprochen werden. Dabei handelt es sich um sprunghaft auftretende Veränderungen im Erbgut (Mutationen), die die angesprochenen Veränderungen in Farbe und/oder Fellstruktur bewirken.
Grundlegendes zur Vererbung kann hier nicht gesagt werden, denn
1. ist mangels Stammbäumen und Zuchtbüchern für Frettchen noch zu wenig bekannt und
2. würde eine ausführliche Behandlung der Vererbungslehre den Rahmen dieses Buches sprengen.

Die Kehrseite

„Jetzt habe ich etwas sehr seltenes und teures ergattert: einen „Badger"! Und was ist? Das blöde Vieh hört nicht mal auf seinen Namen!" Wie soll er auch? „Badger" sind von Geburt an taub!
In den letzten Jahren sind viele Neuzüchtungen aufgetaucht, bei denen heute teilweise noch nicht klar ist, ob mit der neuen Farbe oder Haarlänge noch andere Defekte vererbt werden.

Obwohl ich als Biologe von Haus aus eine gewisse Vorliebe für die „Wildform" habe, will ich gar nicht gegen eine gezielte Farbzucht reden, wenn sie mit Umsicht und Ernst betrieben wird. Es stimmt mich jedoch nachdenklich, daß in der letzten Zeit bereits bei Frettchen mittleren Alters Bauchspeicheldrüsen- und Nebennierentumore, Herzmuskeldegeneration und ähnliche „Alterskrankheiten" gehäuft auftreten.
Ich habe – unabhängig von der Fellfarbe – Frettchen gepflegt oder kennengelernt, die ich mochte, aber auch solche, die ich „nicht geschenkt genommen hätte". Jedes war aber in seinem Charakter einzigartig! Und das, sowie Lebhaftigkeit und Gesundheit sollte bei der Anschaffung entscheidend sein.

HÄUFIGE FARBSCHLÄGE

Bezeichnung	Kurzbeschreibung
Albino	Die ursprünglichsten aller Frettchen. Einfarbig weiß bis semmelgelb mit roten Augen.
Iltis	Momentan am häufigsten gehalten. Kopf, Rücken, Schwanz, Beine und Bauch schwarzbraun, an den Flanken scheint die gelbe bis braune Unterwolle durch. Gesichtsmaske, die durch weiße Färbung um die schwarze, fleischfarbene oder gesprenkelte Nase, einen weißlichgelben, halbmondförmigen Fleck hinter jedem Auge und weißgerandete Ohren zustande kommt. Die Flecken hinter den Augen sind meist quer über die Stirn hinweg zu einem weißlichen Band verschmolzen, so daß Ähnlichkeit mit der „Einbrechermaske" des Waschbären besteht. Tiere können fast schwarz bis mittelbraun erscheinen. Variante mit weißer statt gelber Unterwolle ist häufig. Die Variante hat möglicherweise eine eigene, mir nicht geläufige Bezeichnung.
Harlekin	Wie Iltis, aber mit weißen Pfoten und weißem bis gelbem Brustlatz. Weiße Abzeichen an anderen Körperteilen möglich. Gesichtsmaske häufig sehr hell oder fehlend. Augen meist bordeauxfarben. Weiße Abzeichen können auch bei anderen Farbschlägen auftreten.
Zimt	Auch fälschlich als Siam bezeichnet. Farbschwäche gegenüber Iltis: Deckhaar grau, hellbraun oder rötlich, Unterwolle weiß bis hellgelb, Gesichtsmaske schwach bis fehlend. Augen bordeauxfarben.

SELTENERE VARIANTEN

Bezeichnung	Kurzbeschreibung
Schwarz	Sehr selten und teuer. Gesichtsmaske fehlt, Deckhaar schwarz, Unterwolle sehr dunkel.
Pastell	Wie Zimt, nur kastanienbraunes Deckhaar und elfenbeinfarbene Unterwolle.
Palomino	Ähnlich Zimt, aber hellbraune bis rötliche Deckhaare, elfenbeinfarbene Unterwolle und tiefschwarze Augen.
Sterling silver	Wie Iltis, aber Deckhaare zumindest mit weißen Spitzen, helle Unterwolle.
Badger	US-Züchtung. Wie Iltis, aber mit einem weißen Längsstreifen auf dem Kopf (Bezeichnung: Badger = Dachs). Tiere sind von Geburt an taub.
Panda	Auch Panda-Iltis genannt. Deckhaare silbergrau („smoked", „salt and pepper"), Unterwolle silberweiß, ohne eigentliche Gesichtsmaske. Augen blauschwarz.
Black-eyed-white	US-Züchtung. Insgesamt weiß, aber mit schwarzen Augen. (Kein Albino!)
Angora	Wurde in Dänemark gezielt herausgezüchtet.Sehr langes Deckhaar. Farben variabel. Unterwolle fehlend. Auch Halb- und Dreiviertelangora mit Unterwolle. Gestörte Milchproduktion bei Mutterfähen.

Kauf, Unterbringung und Zubehör

Der richtige Käfig? Die nötige Grundausstattung? Zubehör mit Spaßeffekt? Lesen Sie, was Frettchen zum Wohlfühlen alles brauchen.

Ideal: Stabiles und geräumiges Freigehege.

Geliebter Spielplatz mit Überblick: Die Hängematte.

FRETTCHENKAUF IST JAHRESZEITABHÄNGIG

Die Ranzzeit der Frettchen beginnt Mitte bis Ende Februar, Jungtiere im „abgabefähigen" Alter (ab 8, besser 10 Wochen) gibt es dementsprechend nur von Ende Mai bis Ende Juli. In dieser Zeit ist das Angebot an Frettchen am größten. Sollten Ihnen im Spätherbst oder Frühwinter Welpen angeboten werden, möchte ich sie dringend bitten, solche nicht zu erwerben. Denn entweder ließ der Züchter die Mutterfähe zweimal im Jahr decken, oder er hat sie den ganzen Sommer über immer wieder in die Ranz

kommen und erst im Spätsommer decken lassen. Beides stellt eine enorme körperliche Belastung für das Tier dar und kann nur als Tierquälerei bezeichnet werden. Ansonsten sind die Tiere, die übers Jahr angeboten werden, schon älter, oder es handelt sich überhaupt um erwachsene Frettchen.

Züchter

Sicherlich ist es die Ideallösung, ein Frettchen direkt beim Züchter zu erwerben. Man kann sich davon überzeugen, daß sowohl Alttiere als auch Jungtiere artgerecht und sauber gehalten werden. Man lernt die Tiere in ihrer gewohnten Umgebung kennen. Der Züchter hat langjährige Erfahrung, kann eine Menge Tips geben und ist im Normalfall bereit, einem auch weiterhin mit Rat und Tat zur Seite zu stehen.

Viele Tierheimfrettchen suchen ein neues Zuhause.

TIP: Viele Hobbyzüchter inserieren in Tageszeitungen oder örtlichen Anzeigenblättern. Auch ein Blick in Fachzeitschriften wie die „Geflügelbörse" kann hilfreich sein.

Das Problem dabei ist nur, einen Züchter zu finden: Da es bei Frettchen keine Rassen in dem Sinne gibt, gibt es auch keine „Rassezüchterverbände".

Vereine und Tierheime

Eine weitere Möglichkeit ist es, sich an einen Verein zu wenden (Adressen im Anhang). Wie oben angedeutet, handelt es sich hierbei meist nicht um „Züchterverbände", sondern um Zusammenschlüsse von Frettchenliebhabern. Die Vereine lehnen in aller Regel die kommerzielle Zucht von Frettchen ab, tolerieren aber, wenn einzelne Mitglieder auch einmal das Erlebnis einer Nachzucht haben wollen. Außerdem wenden sich viele Halter, die ungeplanten Nachwuchs haben, an solche Vereine, um ihre Jungtiere abzugeben. Die Vereine haben aber auch sonst immer wieder Tiere zu vermitteln, die aus irgendwelchen Gründen abgegeben werden müssen.

AUF EINEN BLICK: WAS MUSS ICH BEI DER FRETTCHEN-ANSCHAFFUNG BEACHTEN?

„Faustregel"	Bemerkungen
► Sich Zeit bei der Auswahl lassen.	► Man muß jahrelang mit dem Frettchen leben.
► Sich auf keinen Fall ein Tier schicken lassen.	► Versand ist Tierquälerei, die Herkunft ist ungewiß, Sie haben keine Möglichkeit der Auswahl.
► Wenn möglich, direkt vom Züchter.	► Gewohnte Umgebung der Tiere, Kontrolle der Haltungs- und Zuchtbedingungen, Auswahlmöglichkeiten.
► Kontrolle der Haltungs- und Zuchtbedingungen.	► Keine Tiere aus dunklen Garagen-, Keller- oder Hinterhofverschlägen und/oder unsauberer Haltung kaufen.
► Alter der Welpen beachten.	► Zu junge Tiere werden kümmern und später eventuell Verhaltensstörungen zeigen; Welpen, die ihren Bauch noch nicht vom Boden heben können oder laut nach der Mutter schreien, sind zu jung.
► Keine Welpen aus Massenzuchten kaufen.	► Sie sind meist schlecht auf Menschen geprägt, bleiben häufig lebenslang bissig, besonders, wenn sie beim Kauf schon 10 Wochen oder älter sind.
► Keine Jagdfrettchen, Halbiltisse oder gar Iltisse	► Häufig bissig und/oder scheu; das „gibt sich" später meist nicht, auch wenn das vom Züchter behauptet wird!

Sie werden ausführlich beraten und bekommen Kontakt zu anderen Frettchenhaltern, auch ohne gleich Mitglied werden zu müssen.
Tierheime haben ebenfalls immer wieder Frettchen abzugeben, sehr oft Jungtiere im Alter zwischen 6 und 9 Monaten, bei denen sich die Erstbesitzer andere Vorstellungen davon gemacht hatten, was auf sie zukommt. Hier nachzufragen, kostet nur die Telefongebühr.
Sowohl Vereine als auch Tierheime werden eine Schutzgebühr verlangen sowie einen Vermittlungsvertrag mit Ihnen abschließen. Der beinhaltet in der Regel, daß irgendwann einmal jemand Sie zu Hause besucht, um zu überprüfen, ob das Frettchen artgerecht gehalten wird. Da dies im Interesse der Tiere geschieht, werden Sie dafür Verständnis haben.

Zoohandel
Der Dachverband der Zoohändler (ZZF) verbietet seinen Mitgliedern, Frettchen zu verkaufen. Sollte ein Zoohändler trotzdem Frettchen anbieten, heißt das aber nur, daß er nicht Mitglied in diesem Verband ist. Es muß sich deswegen nicht um einen unseriösen Betrieb handeln. Achten Sie hier auf die Unterbringung (Größe der Käfige, Sauberkeit) und darauf, ob das Personal in der Lage ist, Ihre Fragen zu beantworten, Sie ausführlich zu beraten oder Ihnen eventuell sogar Kontaktadressen nennen kann.
Aber: Sehr viele Zoohandlungen erhalten ihre Tiere von Tiergroßhändlern. Großhändler beziehen aber die Welpen häufig von kommerziellen Züchtern oder gar aus Pelztierfarmen in Ländern des ehemaligen Ostblocks. Aus finanziellen Gründen haben diese ein starkes Interesse daran, die Welpen möglichst frühzeitig abzugeben. Deswegen sind Frettchen in Zoohandlungen häufig viel zu jung (oft erst 5-6 Wochen). Fragen Sie nach Alter und Herkunft der Ihnen angebotenen Tiere!

Zum Fellschubbern und Zerlegen: Flechtkörbe sind beliebt.

„Gelegenheitskäufe"
Bei auf Wochenmärkten oder ähnlichen Gelegenheiten angebotenen Frettchen hätte ich einige Vorbehalte. Auch von Jägern angebotene Tiere sind meist eher für Jäger geeignet, da hier die „Jagdgebrauchseigenschaften" wichtiger sind als „Heimtiereigenschaften".

ANSCHAFFUNGSKOSTEN

Die Preise für Frettchen können sehr unterschiedlich sein. So sind Frettchen der häufigeren Farbvarianten vom Züchter schon ab 50,- DM (ca. 25,- Euro) zu bekommen. Für seltenere Farben habe ich schon von Preisen bis zu 500,- DM (ca. 250,- Euro) gehört. Vereine und Tierheime verlangen meist eine Schutzgebühr, die zwischen 50,- und 120,- DM (ca. 25,- bis 60,- Euro), selten höher liegt. Im Zoohandel werden zwischen 120,- und 250,- DM (ca. 60,- bis 125,- Euro) verlangt. Mit dem Kauf eines Frettchens ist es aber noch nicht getan. Denken Sie daran, daß gutes Zubehör auch seinen Preis hat.

TIP: Die Preise für Frettchen können sehr unterschiedlich sein. Hören Sie sich um; es lohnt sich!

CHECKLISTE: KÄFIG UND AUSSTATTUNG

Käfig/Gehege	Mindestens 150 x 80 x 60 cm (Länge x Breite x Höhe).
Schlafkiste	30 x 30 x 30 cm mit Schlupfloch von 10–12 cm Durchmesser, aufklappbarer Deckel.
Nistmaterial	Alte Tücher oder Kleidungsstücke, kein Frotteestoff o. ä., in dem sich die Krallen verhaken können.
Katzentoiletten	Eine für den Käfig, zusätzliche für den Freilauf.
Näpfe, Tränke	2 bis 3 Futternäpfe aus Ton oder Steingut, 1 Wassernapf oder 1 Nippeltränke, besser doppelter Satz.
Einrichtung	Lauf- und Klettergelegenheiten, Durchschlupfmöglichkeiten, Hängematten usw.
Spielzeug	Gekauftes oder Selbstgemachtes, auch Zweckentfremdetes. Vorsicht mit Weichkunststoff (→ Darmverschluß bei Zerkauen und Verschlucken!) und Papier- oder Plastiktüten (→ Erstickungsgefahr!)

OFFENE FRAGEN

Ist ein Rüde besser für Sie geeignet oder eine Fähe? Ein Jungtier oder ein schon erwachsenes Frettchen? Können Frettchen einzeln gehalten werden, oder soll man besser mehrere halten?
Das sind weitere Fragen, die Sie sich sicher stellen werden. Dafür können aber keine allgemeingültigen Regeln aufgestellt werden. Sie müssen sich diese Fragen individuell nach Lektüre des Kapitels über typische Verhaltensweisen (S. 36) und natürlich gründlicher Überlegung selbst beantworten.

DER RAUMBEDARF: JE GRÖSSER, DESTO BESSER!

Kraß ausgedrückt gibt es für das Frettchen nur zwei Daseinszustände: Entweder es schläft oder es ist wach. Und wenn es wach ist, dann heißt das wirklich hellwach, neugierig und voll unwahrscheinlichem Bewegungsdrang. Der Käfig kann also eigentlich gar nicht groß genug sein.

Richtlinien…
Für Deutschland gibt es (noch) keine verbindlichen Haltungsrichtlinien. In den „Mindestanforderungen an die tierschutzgerechte Haltung von Säugetieren“ des Bundeslandwirtschaftsministeriums vom 10. 6. 1996 wird lediglich der Iltis genannt und eine Mindestgröße des Geheges von 6 m^2 für jeweils ein Paar angegeben. Das Bundesamt für Veterinärwesen in der Schweiz gibt in seinen „Richtlinien für die Haltung von Frettchen zu Versuchszwecken“ folgende Käfiggrößen an: 2 m^2 für je zwei Tiere bei einer Mindesthöhe von 60 cm; 0,5 m^2 zusätzlich für jedes weitere Tier.

…und Empfehlungen
Da ich davon ausgehe, daß Sie Ihre Frettchen als Heimtiere mit täglich mehrstündigem Freilauf beglücken, ist ein Gehege von 6 m^2 sicherlich nicht notwendig. Auch wenn Sie damit sehr glückliche Frettchen hätten. 2 m^2 kommen der Sache schon wesentlich näher. Ich selbst halte momentan ein Pärchen Frettchen und eine Waldiltisfähe auf einer Grundfläche von fast 3 m^2 und empfehle eine Mindestgrundfläche von 150 x 80 cm bei einer Höhe von 60 cm für ein bis zwei Frettchen. Die Grundfläche kann bei diesen Abmessungen auch auf zwei – aber bitte nicht mehr – Etagen verteilt sein.

TIP: Die Käfiggröße sollte mindestens 150 x 80 x 60 cm (Länge x Breite x Höhe) betragen. Sie können auch einen Käfig mit mehreren Etagen verwenden.

Draußen oder drinnen?
„Zeige mir Dein Frettchen, und ich sage Dir, wie Du es hältst!“ So könnte man es schon formulieren. Ich behaupte von mir, erkennen

Für die Sicherheit im Auto: Transportbox.

Die Schwachstelle wird gefunden...

...aufgehebelt und...

zu können, ob ein Frettchen ausschließlich im Haus oder überwiegend im Freien gehalten wird. Und Sie können es auch: Frettchen, die in einem Freigehege leben, haben einfach ein dichteres, schöneres Fell und sind meist auch lebhafter. Widerstandsfähiger gegen Krankheiten sind sie sowieso. Wenn Sie es also möglich machen können, halten Sie ihre Frettchen im Freien!

Freigehege

Das Freigehege stellt sicher die Idealform der Frettchenhaltung dar. Auch hier gilt: Je größer desto besser! Sie müssen ja nicht gleich den ganzen Garten „frettchensicher" einzäunen, wie es Bekannte von mir taten. Ich halte das auch für riskant: Frettchen finden Schwachstellen in der Umzäunung - nach oben oder nach unten! - im Zweifelsfall schneller als Sie.
Wichtig für das Freigehege sind vier Dinge:

- ► Der Zaun darf nicht überklettert werden können; am besten, die Gehegeabdekkung ist ebenfalls vergittert (auch zum Schutz gegen Greifvögel).
- ► Die Gehegeumzäunung muß mindestens 50 cm tief in den Boden eingelassen sein. Frettchen graben!

TIP: Es gibt immer wieder unliebsame Zeitgenossen, die aus mißverstandener Tierliebe oder einfach aus „Spaß an der Freude" Gehege öffnen und die Tiere in eine für sie tödliche Freiheit entlassen. Mir sind leider mehrere solcher Fälle bekannt. Gehen Sie lieber auf „Nummer sicher", und machen Sie ihr Gehege nicht nur aus- sondern auch einbruchssicher!

- ► Eine gut isolierte Schlafkiste muß die Frettchen gegen Kälte und Nässe schützen.
- ► Das Gehege muß schattige Plätze aufweisen und

darf - vor allem die Schlafkiste - nicht der prallen Sonne ausgesetzt sein.

Zimmerkäfig
Sie können Ihr(e) Frettchen auch in einem Zimmerkäfig halten. Dies dürfte sogar die häufigste Haltungsform sein.
Beachten Sie die angebenen Maße, die immer auch gerne überschritten werden dürfen. Einen Käfig mit mehreren Etagen vorzusehen, spart Stellfläche und schafft den Tieren eine interessante „Landschaft". Je Etage sollten Sie jedoch eine Länge von mindestens 75-80 cm und eine Breite (Tiefe) von 60-80 cm einplanen.

Balkon- oder Terrasse
Falls der Käfig wetterfest ist, können Sie ihn auch auf Balkon oder Terrasse aufstellen. Dann gilt wie beim Freigehege:
▸ Keine pralle Sonne.
▸ Wetterfeste, gut isolierte Schlafkiste.

Frettchenzimmer
Wenn Sie zu den Glücklichen zählen, die über ein überschüssiges Zimmer verfügen:
▸ Stellen Sie eine Schlafkiste hinein.
▸ Bringen Sie an den Wänden Regalbretter mit Aufgängen an.
▸ Stellen Sie eine Obstbaumkrone oder einen Katzenkletterbaum dazu.
▸ Sorgen Sie für höhlenartige Durchschlüpfe.
Schon haben Sie ein wahres Frettchenparadies!

Und, und, und...
Meine Frettchen bewohnen einen kleinen Wintergarten von annähernd 3 m^2. Manche Halter vergittern ihren gesamten Balkon. Es gibt alte Hühnerställe, an die ein Freigehege angebaut ist. Gartenhäuschen mit angeschlossenem Freigehege... Der Phantasie sind keine Grenzen gesetzt!

TIP: Es gehören sehr viel Idealismus, Tierliebe, starke Nerven oder eine sehr spärliche Wohnungseinrichtung dazu, Frettchen frei in der Wohnung zu halten. Es stimmt schon, daß Frettchen nicht nagen. Dafür stellen die kleinen Kobolde aber sonst so ziemlich alles an, was sich anstellen läßt! Sorgen Sie also dafür, daß die Unterbringung gesichert ist, bevor das Frettchen ins Haus kommt!

Gibt es Käfige zu kaufen?
Ein Freigehege können Sie nicht fertig kaufen!

...schon genügt der Spalt!

Für das Freigehege: Schlafkiste mit Windfang, Vorraum, Schlafkammer und isolierten Wänden.

Geeignete Käfige werden auch nur vereinzelt angeboten. Gelegentlich werden Importe aus den USA – meist von privaten Frettchenhaltern mit „Verbindungen“ – angeboten. Einige Käfighersteller in Deutschland sind momentan mit der Entwicklung spezieller Frettchenkäfige beschäftigt, Serienreife wurde aber noch nicht erreicht. Es bleibt also meist nur eigenes handwerkliches Geschick oder, sich einen Käfig/ein Gehege bauen zu lassen.
Wenden Sie sich aber ruhig an einen Verein. Die Leute dort können Ihnen eventuell sagen, ob in Ihrer Gegend vielleicht doch jemand geeignete Käfige oder fertige Gehegeelemente anbietet. Möglicherweise hat auch ein Vereinsmitglied einen gebrauchten Käfig preiswert abzugeben.
Ein Frettchen in einem Kaninchenstall oder in einem handelsüblichen Meerschweinchenkäfig zu halten, ist jedenfalls Tierquälerei!

UNVERZICHTBAR: DIE SCHLAFKISTE

Der Iltis bewohnt selbstgegrabene oder vorgefundene Höhlen. Dieses Verhalten ist auch dem Frettchen geblieben. Es braucht, um sich wohlzufühlen, eine „Schlafhöhle“. Hat es die nicht, fühlt es sich unsicher und versucht zumindest, eine zu improvisieren, indem es sich in Tücher oder ähnliches wühlt.
Für ein bis zwei Frettchen hat sich eine würfelförmige Kiste mit 30 cm Kantenlänge und einem Einschlupfloch bewährt. Der Durchmesser des Schlupfloches sollte

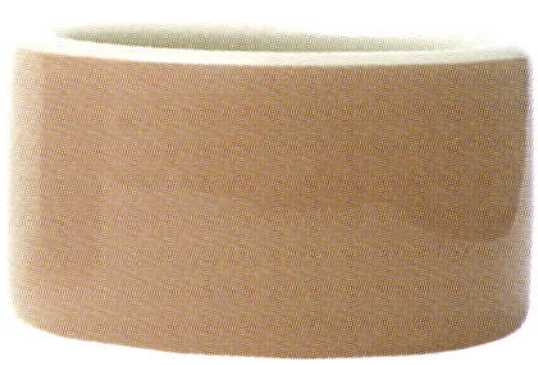

Zwei standfeste Näpfe und eine Kleintiertränke gehören zur Grundausstattung.

10–12 cm betragen, der Deckel mit Scharnieren versehen und aufklappbar sein, damit die Kiste auch innen kontrolliert und gereinigt werden kann. Seitlich können Belüftungslöcher oder -schlitze angebracht werden, um Kondenswasser im Inneren zu vermeiden.
Für Freigehege beziehungsweise Balkon/Terasse sollten Sie wetterfestes Material verwenden. Außerdem muß eine Wärmeisolierung gegeben sein. Am besten konstruieren Sie zwei Kisten, die so ineinander passen, daß ein Zwischenraum entsteht, der mit Wärmedämmplatten aus Styropor ausgefüllt wird.
Als Nistmaterial nehmen Sie alte Tücher (Leintücher, alte T-Shirts usw., aber kein Material, in dem sich die Krallen verfangen können, wie z. B. Frottee).
Stroh oder ähnliches wird im Fell in der ganzen Wohnung herumgetragen und verteilt. Außerdem ist das Auswechseln solchen Nistmaterials ziemlich mühsam – ersparen Sie sich diesen Aufwand.
Schlafkisten aus dem Zoohandel sind für Meerschweinchen oder Zwergkaninchen gedacht und haben keinen Boden. Sie sind für Frettchen nicht geeignet, da sie von ihnen umgeworfen werden.

TIP: In den meisten Baumärkten erhalten Sie Holzzuschnitte nach den von Ihnen angegebenen Maßen. Meist gibt es eine große Materialauswahl. Lassen Sie sich beraten, welches das widerstandsfähigste für Ihre Zwecke ist!

FÜR DAS REINLICHKEITSBEDÜRFNIS: DIE TOILETTE

Frettchen sind reinliche Tiere. Kot und Urin werden immer an bestimmten Plätzen abgegeben.
Auch das ist Iltiserbe, nicht Erziehung. Stellen Sie daher

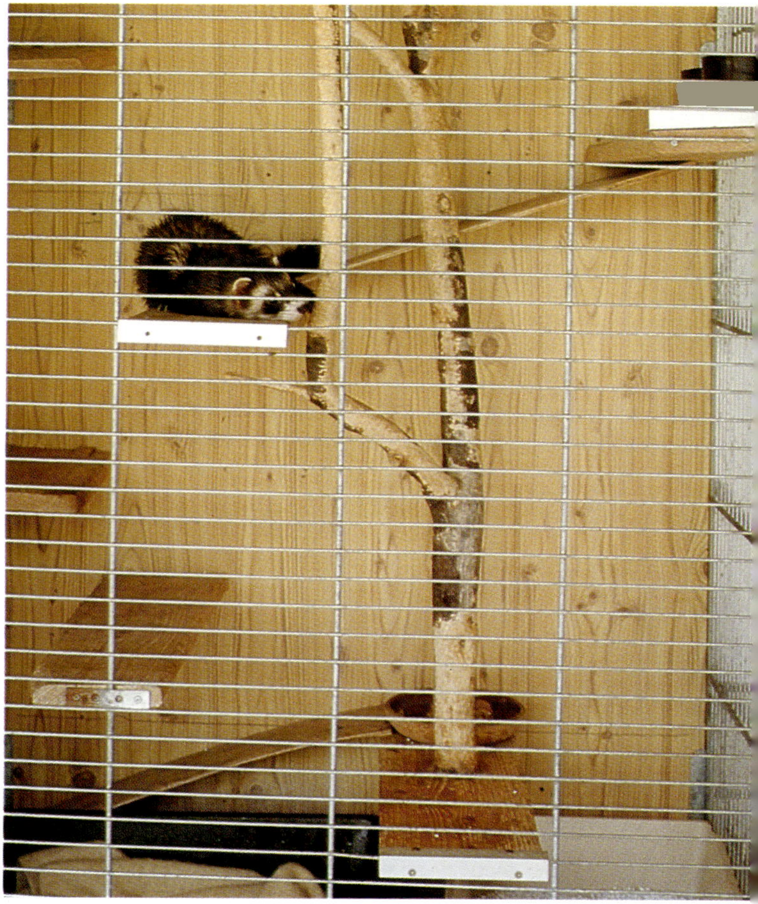

Gestalten Sie einen Zimmerkäfig so abwechslungsreich wie möglich. Frettchen mögen keine Langeweile!

in einer Käfigecke, möglichst nicht in der Nähe des Futters, eine Katzentoilette mit Katzenstreu auf. Frettchen wissen normalerweise sofort, wofür die da ist! Schaffen Sie aber gleich mehrere an. Die überschüssigen werden während des täglichen Freilaufs in verschiedenen Ecken Ihrer Wohnung plaziert. Ihr Frettchen zeigt Ihnen schon, wo! Erleichtern Sie Ihrem Frettchen von vornherein das „Geschäft", indem Sie Katzentoiletten mit möglichst niedrigem Rand auswählen. Katzentoiletten mit „Einstieg" oder gar mit Dach halte ich für Spielerei. Letztere werden nach meinen Erfahrungen ohnehin nur ungern angenommen, auch wegen des meist sehr hohen Einstiegs. Schaffen Sie für das gesparte Geld lieber eine oder mehrere „Reservetoiletten" an.

HIER SCHMECKT'S: NÄPFE UND TRÄNKEN

Als Grundausstattung benötigen Sie zwei (besser drei) Futternäpfe und einen Wassernapf oder eine Nippeltränke.
Ein Futternapf enthält Naßfutter, einer Trockenfutter, ein dritter für Obst, Gemüse und sonstiges Zufutter ist empfehlenswert. Alle Näpfe sollten schwer und stabil mit großer Standfläche sein. Sie erhalten solche aus Ton oder Steingut in jeder Zoohandlung. Alte Dessertschälchen oder Schüsselchen aus dem Haushalt zu benutzen, halte ich für keine gute Idee. Da sie sich meist nach unten verjüngen, werden sie beim „Wühlen" nach Leckerbissen unweigerlich umgeworfen.
Nippeltränken (Tränkflaschen) sind grundsätzlich besser geeignet als Wassernäpfe. Sie sind zum einen hygienischer, zum anderen lieben Frettchen das Plät-

TIP: Schaffen Sie das „Eßgeschirr" doppelt an. Dann können Sie stark verschmutzte Näpfe auch einmal über Nacht einweichen.

Rauh und hohl: Zierkorkröhren sind prima!

Einfach mal durchhängen: Die Hängematte eignet sich auch für ein Nickerchen!

schern und die Bewegung von Wasser. Wassernäpfe werden deshalb mit wahrer Begeisterung herumgeschoben. Das verschüttete Wasser dürfen dann Sie aufwischen.

KÄFIGGESTALTUNG

Ist der Käfig oder das Gehege groß genug, können Sie Ihrem Frettchen eine interessante Wohnlandschaft gestalten.

► Bringen Sie Laufbretter oder Zwischenböden an.

► Hohle Baumstämme, flexible Abzugschläuche für Dunstabzugshauben oder Abwasserrohre aus Kunststoff schaffen interessante Durchschlupfmöglichkeiten.

► Frettchenhängematten aus dem Zoohandel oder aus einem alten Kissenbezug selbst genäht, sind spannende Spielplätze, die man verteidigen oder einfach nur für ein Nickerchen zwischendurch nutzen kann.

► Alte Baumstümpfe mit Wurzeln oder Kletteräste von rauhborkigen Bäumen sehen interessant aus und werden gerne benützt. Katzenkratz- und -kletterbäume erfüllen den gleichen Zweck.

Das ist nur eine kleine Auswahl aus der Fülle der Gestaltungsmöglichkeiten. Seien Sie kreativ wie ein Frettchen! Erlaubt ist, was den Tieren gefällt, solange keine Verletzungsgefahr besteht.

TIP: Verändern Sie ab und zu die Käfigeinrichtung etwas. Das schafft neue Reize für die neugierigen Tiere.

Zwar keine Rudeltiere, aber gesellig: Zu zweit wird es nie langweilig.

Geschmackssache: Der Boden

Für Käfige wird immer wieder empfohlen, einen möglichst glatten Boden zu verwenden, der leicht zu reinigen und zu desinfizieren ist. Warum? In einem Freigehege werden Sie sicher Naturboden haben und feststellen, daß die Tiere auch nicht öfter krank werden. Außerdem bietet glatter PVC-Boden oder eine beschichtete Hartfaserplatte den Krallen der Frettchen keinen Halt, sie rutschen leicht aus. Bringen Sie ruhig einmal Falllaub, das Sie im Herbst im Wald gesammelt haben, in den Käfig. Die Frettchen werden es lieben! Allerdings wird sich das eine oder andere Blättchen auch außerhalb des Käfigs wiederfinden.
Letztendlich ist das alles sicher Geschmackssache.

Keinesfalls sollten Sie jedoch Kleintierstreu (Hobelspäne) verwenden. Diese kann mitgefressen werden und Darmverschluß verursachen!

SPIELZEUG

Über mögliches Frettchenspielzeug könnte man fast schon ein eigenes Buch schreiben.
Geeignet ist fast alles im Zoohandel erhältliche Katzenspielzeug, mit Ausnahme von Weichkunststoff. Diese Spielsachen werden zerkaut und Teile davon verschluckt, was wiederum zu Darmverschluß führen kann.
Spielzeug muß aber nicht immer gekauft werden: Alles was rollt oder sich sonstwie bewegt oder bewegen läßt, findet Verwendung als Spielmaterial. Beliebt sind auch Sachen, die knistern oder rascheln.
Die Palette reicht von Tischtennisbällen über die gelben „Überraschungseier" bis hin zu zusammengeknüllten Packpapierbögen und Teppichen, unter denen herumgekrochen wird.
Plastiktüten sind ein sehr beliebtes Frettchenspielzeug. Lassen Sie Ihr Frettchen aber nur unter Aufsicht damit spielen: Erstickungsgefahr!
Die Geschmäcker sind sehr verschieden. Ich kenne Frettchen mit ausgesprochenen Lieblingsspielzeugen. Es gibt Frettchen, die ein eigenes Plüschtier haben, ohne das sie nicht schlafen gehen. Meine Waldiltisfähe hat einen rosa Ball, den sie dauernd mit sich herumschleppt, wohingegen gängiges Spielzeug meine Frettchen völlig kalt läßt. Die sind mehr daran interessiert, neue Spielsachen zu entdecken, mit besonderer Vorliebe solche, die ursprünglich nicht als Frettchenspielzeug gedacht waren.
Probieren Sie selbst, was Ihrem Frettchen Spaß macht.

Spaß und Action: Katzenspielzeug aller Art ist beliebter Beuteersatz.

Winterfell und Winterspeck:
Diesen Rüden läßt die Kälte kalt!

Eier sollten ein gelegentlicher Leckerbissen bleiben!

„Man nehme..."

Die gesunde Ernährung des Frettchens

Ein Waldiltis bedient sich am mal mehr mal weniger reich gedeckten Tisch der Natur. Wenn Sie auf einige grundlegende Dinge achten, geht auch beim Frettchen die Liebe durch den Magen.

AUS GEGEBENEM ANLASS ...

Ich erinnere Sie an dieser Stelle nochmals daran, daß Frettchen Raubtiere sind und in Milch eingeweichte Brötchen keine ausreichende Nahrungsgrundlage darstellen. Früher wurde das nämlich durchaus empfohlen und auch praktiziert. Das Ergebnis war, daß Frettchen kaum jemals älter als fünf Jahre wurden. Und wenn Sie meinen, so etwas käme heute nicht mehr vor ... Ein Bekannter erhielt noch im Frühjahr 1999 eine etwa fünfjährige Fähe, die zeitlebens mit gezuckerten Corn-

Wenn sich die Gelegenheit bietet, macht man sich ganz gerne mal krumm.

Bei Wildkaninchen wird der Iltis zum „Großwildjäger".

flakes ernährt worden war. Das Tier war extrem untergewichtig und das Fell in einem traurigen Zustand. Ob die vergrößerten Nebennieren und der Graue Star (das Tier ist fast blind) auf die Mangelernährung zurückzuführen sind, läßt sich nicht mit Sicherheit sagen. Zumindest bei Funktionsstörungen der Nieren und Nebennieren wäre das aber nicht unwahrscheinlich.

DIE THEORIE

Der Waldiltis...

Beim Frettchen ist der Magen-Darm-Trakt deutlich länger als beim Iltis. Im Verlauf ihrer Haustiergeschichte mußten sich die Frettchen offensichtlich auf einen höheren pflanzlichen Anteil in ihrer Nahrung umstellen.
Trotzdem: Will man Fehler in der Haustierhaltung vermeiden, ist es immer hilfreich, sich einmal die Verhältnisse bei der Wildform anzuschauen. Grobe Fehler können dann eigentlich nicht mehr vorkommen.
Der Waldiltis ernährt sich überwiegend von selbst gejagten kleinen Wirbeltieren (Fische, Amphibien, Reptilien, Säuger und Vögel) bis Kaninchen- oder Hühnergröße, Insekten, Schnecken und Würmern. Er verschmäht aber auch Aas, Pilze und Früchte nicht. Die jeweiligen Anteile an der Nahrung sind sehr vom Lebensraum abhängig

...und das Frettchen

Ein Frettchen „aus dem Freiland" versorgen zu wollen, ist natürlich illusorisch und – wegen der möglichen Übertragung von Krankheiten und Parasiten – auch gar nicht zu empfehlen. Ich habe vor einigen Jahren Versuche mit einer naturnahen – nicht natürlichen – Ernährung meiner Frettchen angestellt und möchte hier einen Auszug aus der damaligen

Speisekarte wiedergeben: Mäuse, Ratten, Eintagsküken, Tauben, Fische, Wildfleisch, Rindfleisch, Rinder- und Geflügelinnereien, Eier, Mehlwürmer, Heimchen, Weintrauben, Holunderbeeren, Walnüsse, frische Pilze, Salatgurke, Gemüsepaprika, Vollkornbrot mit etwas Butter, Joghurt, mit Honig gesüßten Quark, getrocknete Feigen und vieles mehr.
Es ist zwar sicher nicht jedermanns Sache, ganze Tiere (mit Fell, Federn, Schuppen und Innereien) zu verfüttern, aber auch als Haustier bleibt ein Raubtier ein Raubtier!

DIE PRAXIS

Ich muß gestehen, daß zu jener Zeit die Tiefkühltruhe immer überfüllt war. Außerdem war der Aufwand recht groß, denn um einseitige Ernährung zu vermeiden, mußte peinlich genau Buch geführt werden, was wann gegeben wurde. Ihnen möchte ich an dieser Stelle alltagstauglichere Fütterungsmethoden empfehlen.

Eigene Mischung

Halter und Züchter, die viele Tiere haben, mischen sich ihr Futter selbst. Das ist preiswert, und das Futter kann portionsweise eingefroren werden. Der Fleischanteil sollte etwa 80 %, der pflanzliche etwa 20 % betragen.

Folgende Mischung hat sich in der Praxis bewährt:
30 % Fisch, 20 % Geflügel, 15% Muskelfleisch, 10 % Rinderlunge, 5 % Rinderleber und 20 % Getreideprodukte.
Die Zutaten werden zerkleinert, vermischt und entweder frisch oder aufgetaut verfüttert. Der hauptsächliche Nachteil besteht darin, daß die Zutaten, will man einen wirklichen Preisvorteil erlangen, in größeren Mengen auf einmal eingekauft werden müssen und daher die Aufbewahrung Raumprobleme bereiten kann.

Durch Frischkost ergänzt, ist Fertigfutter eine gute Lösung.

Frettchenfertigfutter
Wer nur ein oder zwei Frettchen hält, wird eher auf Fertigfutter zurückgreifen. Mittlerweile wird spezielles Fertigfutter für Frettchen auch in Deutschland angeboten. Es ist sowohl Trokken- als auch Naßfutter erhältlich. Sollte Ihr Zoohändler es nicht im Angebot führen, erkundigen Sie sich danach, er wird es sicher beschaffen können! Dieses Futter ist jedoch recht teuer.

Alternativen
Eine brauchbare Alternative ist Katzenfutter aus der Dose und Katzentrockenfutter. Allerdings haben Frettchen einen höheren Energiebedarf als Hauskatzen. Eiweiß- (Protein) und Fettgehalt sollten daher relativ hoch sein. Werfen Sie einfach einen Blick auf die Verpackung und vergleichen Sie. Ein Fettgehalt von 20–22 % und ein Eiweißgehalt von etwa 35 % bei Trockenfutter – bei Naßfutter entsprechend dem Wassergehalt niedriger – sind ideal.
Achten Sie darauf, möglichst zuckerfreies Futter zu verwenden. Unter das Naßfutter können Sie (wenig!) Getreide- oder Gemüseflocken mischen. Auch Hundeflocken können Verwendung finden. Ansonsten ist Hundefutter von der Zusammensetzung her nicht so gut geeignet.

TIP: Ausschließliche Ernährung mit Trockenfutter kann zu Wasserdefiziten führen, da manche Tiere zu wenig trinken.

Kleintiertränken sind hygienisch und „kleckerfrei".

ERGÄNZUNGSFUTTER

Dr. Wenzel berichtet aus der tierärztlichen Praxis, daß bei ausschließlich mit Katzenfutter ernährten Frettchen Mangelerscheinungen auftreten können. Der Eiweißanteil von Fertigfutter wird – vor allem bei „Billigmarken" – oft zu einem Großteil über pflanzliches Eiweiß aus Getreide oder Soja abgedeckt, das aber von den Tieren schlecht verwertet werden kann. Verfüttern Sie also öfter frisches Fleisch oder frischen Fisch (Seefisch ist besonders eiweißreich).
Der Bedarf der Tiere an Vitaminen und Mineralien wird am natürlichsten über frisches Obst und Gemüse gedeckt. Sie wissen ja: „One apple a day keeps the doctor away!"
Hierbei findet dann wieder der Speisezettel aus meiner Versuchsreihe zur naturna-

Für ein neugieriges Frettchen ist kein Baum zu hoch...

hen Ernährung Verwendung. Sinn und Zweck der ganzen Angelegenheit war nämlich herauszufinden, was alles an Gesundem zugefüttert werden kann. Machen Sie ruhig auch eigene Experimente.

ROH ODER GEKOCHT?

Gekochte Nudeln, Reis oder Kartoffeln werden zwar von manchen Frettchen gefressen, machen aber wenig Sinn, da sie in erster Linie Kohlenhydrate und nur pflanzliche Proteine liefern. Wenn Fleisch, Fisch oder Gemüse gekocht werden, geht das auf Kosten hochwertiger Inhaltsstoffe, die Sie Ihrem Frettchen ja gerade zukommen lassen wollen. Und daß mit Eintagsküken oder rohem Fleisch gefütterte Frettchen bissig werden... Glauben Sie bitte nicht jedes Märchen, nur weil es immer und immer wieder erzählt wird!

Vorsicht mit...

Frettchen lieben Milch und Milchprodukte, können wie fast alle Säugetiere den enthaltenen Milchzucker (Lactose) jedoch nicht verwerten und bekommen Durchfall. Das Eiklar roher Eier enthält Avidin. Dieser Stoff zerstört das lebenswichtige Biotin.
Im Fleisch karpfenartiger Fische (die meisten Süßwasserfische) ist das Enzym Thiaminase enthalten, das das Thiamin (Vitamin B1) spaltet und damit zerstört. Deshalb: Verfüttern Sie Milch und Milchprodukte, Eier und Süßwasserfisch höchstens gelegentlich, besser verzichten Sie ganz.

TIP: Sie können Ihren Frettchen nur Eigelb geben und anstelle von Milch die im Zoohandel erhältliche lactosereduzierte Katzenmilch.

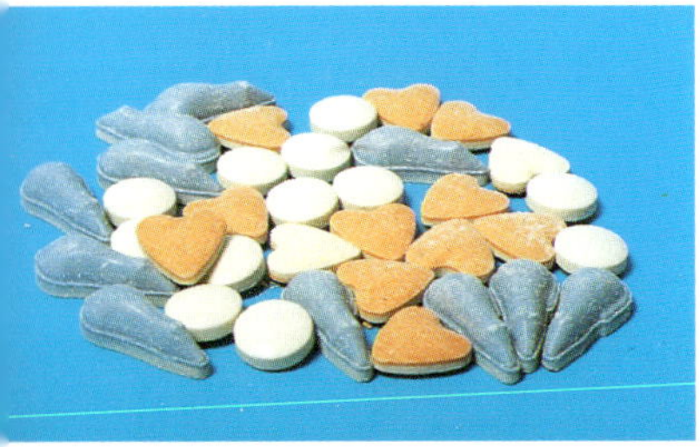

Nicht nur für die Katz': Leckerlis.

Gesund und vitaminreich: Rohkost.

Auf gar keinen Fall…
Was man in jedem Buch über Hunde- und Katzenhaltung nachlesen kann, gilt auch für Frettchen: Menschliche Speisen sind bis auf ganz wenige Ausnahmen tabu. Gewürzte und vor allem gesalzene Speisen können zu schweren Vergiftungen und Gesundheitsschäden führen.
In Schweinefleisch kann das Aujeszky-Virus enthalten sein. Es ist zwar selten, aber absolut tödlich für Frettchen. Das Virus wird durch Kochen abgetötet, aber ich würde trotzdem lieber ganz auf Schweinefleisch verzichten.

LECKERBISSEN

Glücklicherweise ist vieles, was gesund ist, auch gleichzeitig ein Leckerbissen für Frettchen, wenn es nicht eben täglich gereicht wird. Unter den Begriff Leckerbissen fällt bereits vieles, was als Ergänzungsfutter Verwendung findet.
Ansonsten erfreuen sich viele der im Zoohandel angebotenen Katzenleckerlis und -snacks großer Beliebtheit.
Auch wenn Frettchen hartnäckig darum betteln können: Süßigkeiten sind ungesund für die Tiere.

VITAMINE UND MINERALSTOFFE

Das abwechslungsreich ernährte Frettchen benötigt normalerweise keine zusätzlichen Vitamin- oder Mineralstoffpräparate.
Lediglich zur Zeit des Haarwechsels und bei säugenden Fähen besteht ein erhöhter Bedarf an B-Vitaminen und Kalzium. Letzterer kann durch Gabe eines käuflichen Kalziumpräparates gedeckt werden. B-Vitamine sind in frischer Leber, Lebertran oder (Trocken-)Hefe enthalten; teure Vitaminpräparate sind also nicht unbedingt nötig.
Mit zusätzlichen Vitamingaben sollten Sie überhaupt vorsichtig sein:
Unproblematisch sind nur die wasserlöslichen Vitamine (Vitamin C, B-Vitamine), da ein Überschuß mit dem Harn wieder ausgeschieden wird.
Anders verhält es sich mit fettlöslichen Vitaminen (Vitamin A, D und E), die bei Überdosierung nicht ausgeschieden werden können, im Körper eingelagert werden und dann zu schweren gesundheitlichen Schäden führen.
Nun ist aber im Handel eine Multivitaminpaste für Katzen erhältlich, die für Frettchen einen absoluten Leckerbissen darstellt. Das verführt viele Halter dazu, die Hinweise auf der Verpackung zu ignorieren, daß eine Überdosierung gefährlich werden kann. Machen Sie es besser und geben Sie Ihrem Frettchen höchstens einen Streifen von 3 cm Länge täglich!

WASSER

Den Tieren muß immer Trinkwasser zur Verfügung stehen. Meiner Erfahrung nach ist den Frettchen dabei etwas abgestandenes Wasser lieber, als allzu frisches. Auch wenn manche Halter ihren Tieren nur Mineralwasser (kohlensäurefrei, sogenanntes Tafelwasser) geben – Leitungswasser

IN STICHWORTEN: DIE FRETTCHENFÜTTERUNG

Fertigfutter	Frettchenfutter oder Katzenfutter, letzteres mit hohem Fett- und Proteingehalt. Nicht ausschließlich Trockenfutter geben.
eigene Futtermischung	30 % Fisch (Seefisch), 20 % Geflügel, 15 % Muskelfleisch (Rind), 10 % Rinderlunge, 5 % Rinderleber, 20 % Getreideprodukte (Flocken).
ganze Futtertiere	Mäuse, Ratten, Eintagsküken, Tauben, Forellen, kleinere Seefische.
Fleisch	Wild, Rind, Kaninchen, Geflügel, Seefisch.
Innereien	Herz, Leber, Lunge von oben Genannten.
Obst und Gemüse	Alles was das Frettchen annimmt, z.B. Weintrauben, Holunderbeeren, Mandarinen, Bananen, Äpfel, Birnen, Kirschen, Erdbeeren, Melone, Salatgurke, Gemüsepaprika, Möhren, Zucchini.
Leckerbissen	Siehe Rubriken ganze Futtertiere, Fleisch, Innereien, Obst und Gemüse. Ansonsten Katzensnacks und -leckerlis, Multivitaminpaste.
Vitamine und Mineralien	Multivitaminpaste (nicht mehr als 3 cm täglich), während des Fellwechsels und bei säugenden Fähen Kalziumpräparat, Hefe, Lebertran, Leber. Ansonsten ist ausgewogene und vielseitige Ernährung ausreichend.
Wasser	Ständig sauberes, am liebsten etwas abgestandenes Wasser. Leitungswasser auf jeden Fall über Nacht abstehen lassen.
Vorsicht mit…	…Karpfen und Weißfischen, Eiern, Milch und Milchprodukten. Nur selten oder gar nicht geben, vom Ei eventuell nur das Eigelb, statt Milch besser Katzenmilch.
keinesfalls!	Gewürzte und vor allem gesalzene Speisen, Süßigkeiten, rohes Schweinefleisch.

können Sie ohne schlechtes Gewissen verwenden. Sie sollten es nur über Nacht abstehen lassen, damit eventuell enthaltenes Chlor entweichen kann.

Vitaminpaste wird auch gerne vom Finger geschleckt.

Süßes Obst ist ein gesunder Leckerbissen.

ABWECHSLUNG SOLL SEIN

Viele Halter, vor allem älterer Frettchen, beklagen, daß ihre Tiere nur Trockenfutter oder nur Naßfutter, manche gar ausschließlich eine bestimmte Marke fressen und alles andere hartnäckig verweigern. Weniger problematisch ist, daß manche Frettchen ausgesprochene Abneigungen gegen bestimmte Obst- oder Gemüsesorten haben, die von anderen gern gefressen werden.

Da wird dann häufig die Frage an mich herangetragen, ob das normal sei. Professor Apfelbach in Tübingen hat Versuche zur Nahrungswahl von Frettchen angestellt und ist – in Kurzform dargestellt – zu folgenden Ergebnissen gekommen:
Bei jungen Frettchen gibt es eine sogenannte sensible Phase der Beuteprägung. Sie dauert durchschnittlich bis zur sechzehnten Lebenswoche. In dieser Zeit wird vom Muttertier – oder dem Menschen als Ersatzmutter – gelernt, was freßbar ist. Frettchen, die in diesen ersten 16 Wochen vielseitig und abwechslungsreich ernährt wurden, sind später eher bereit, auch einmal etwas zu versuchen, was sie nicht kennen. Frettchen, die in der sensiblen Phase nur Katzenfutter kennengelernt haben, nehmen später auch kaum etwas anderes.
Meine eigenen Erfahrungen bestätigen dies insofern, daß von mir aufgezogene Frettchen eigentlich alles fressen, was irgendwie freßbar ist. Andererseits habe ich eine Waldiltisfähe, also ein Wildtier, die ausschließlich auf Katzenfutter geprägt ist.

TIP: Wenn Sie ein junges Frettchen anschaffen, bieten Sie eine möglichst breite Futterpalette an. Wechseln Sie öfter die Fertigfuttermarke, und schöpfen Sie die Auswahl an Frischkost aus. Sie werden dann auch später keine Probleme mit ernährungsbedingten Krankheiten haben. Andererseits kann es auch bei älteren Frettchen noch gelingen, sie zu einer etwas vielseitigeren Ernährung zu bringen, indem Sie das neue Futter in steigender Dosierung unter das Lieblingsfutter mischen. Manche Tiere zeigen dennoch große Ausdauer im „Herauslesen“ ihres Lieblingsfutters.

WIEVIEL UND WIE OFT FÜTTERN?

Eigentlich ist diese Frage schnell beantwortet: Frettchen sollten immer einen gefüllten Napf haben. Ich verweise auch hier wieder auf den Waldiltis. Das Nahrungsspektrum dieser Tiere ist so groß, daß man unter natürlichen Verhältnissen davon ausgehen kann, daß immer Nahrung zur Verfügung steht, wenn die Tiere hungrig

sind. Der Waldiltis legt für die nahrungsarme Winterzeit - aber auch sonst - sogar regelrechte Vorratslager an. Denn im Gegensatz zum Wolf als Großwildjäger fressen Iltisse nicht auf Vorrat und können auch nicht lange hungern.
Was das mit Frettchen zu tun hat?
In der Literatur heißt es sehr oft, Frettchen sollen zweimal täglich soviel Futter erhalten, wie in jeweils einer halben Stunde verzehrt wird. Zusätzlich soll einmal wöchentlich ein Fasttag eingeschaltet werden. Den Hundehaltern unter Ihnen wird das bekannt vorkommen. Genau! Es wurde hier einfach bei der Hundehaltung „abgekupfert". Für Hunde gilt das aber nur deshalb, weil sie Hauswölfe sind, die auch heute noch auf Vorrat fressen, weil es möglicherweise nicht so bald wieder etwas gibt. Haben sie ständig Futter zur Verfügung, werden sie fett.

Vorsicht: Zuviel Vitaminpaste ist ungesund!

Bei Frettchen ist das nicht der Fall. Sie fressen als „Kleinbeutegreifer" nur soviel, wie sie benötigen, aber immer, wenn sie hungrig sind. Können Frettchen sich nur zweimal täglich sattfressen, legen sie Vorräte für den Rest des Tages an und für den Fall, daß die Zeiten noch schlechter werden. Ein Fastentag verstärkt dieses Verhalten noch.
In diesem Fall wird dann vom Halter beklagt, daß die Tiere ständig Futter in ihrer Schlafkiste einlagern. Dabei hat er dieses Verhalten selbst verursacht.
Ich habe selten tatsächlich fette Frettchen getroffen. Das war dann aber auf falsche Ernährung oder krankhafte Stoffwechselstörungen zurückzuführen. Daß Frettchen sich einen Winterspeck anfressen, der bei großen Rüden bis zu 500 g betragen kann, ist aber völlig normal.

Gesund, aber oft zu sauer: Birnen und Äpfel.

„Handzahm und stubenrein!“

Typisches Verhalten und „Erziehung“

Die angeborenen Ausdrucksmöglichkeiten des Frettchens sind begrenzt. Es ist nicht schwer, sie zu lernen, um Ihr Frettchen besser zu verstehen. Andererseits ist das natürliche Verhaltensrepertoire im Umgang mit Menschen nicht immer ausreichend. Hier kommen Begriffe wie Lernfähigkeit und „Erziehung“ ins Spiel.

JEDES FRETTCHEN IST ANDERS!

Ihr Frettchen wird mit Ihnen zusammen ganz eigene Spiele erfinden. Genauso entwickelt es Ihnen gegenüber spezifische Verhaltensweisen, deren Bedeutung Ihnen ganz klar sein wird, während sie für jeden anderen Menschen, und sei es der größte Frettchenexperte, unverständlich bleiben.

Kein Rudeltier, aber gesellig
Auch wenn man es immer wieder liest: Frettchen sind keine Rudeltiere! Sie jagen nicht im Team, haben am Futter keine spezielle Rangordnung, und der Vaterrüde beteiligt sich nicht an

Aufzucht und Erziehung der Welpen.
Andererseits kann man den Frettchen eine gewisse „Geselligkeit“ nicht absprechen. Manchmal entstehen sogar lebenslange Freundschaften, bei denen der Zurückbleibende regelrecht trauert, wenn ein Partner stirbt. Zum einen liegt das sicher an der Verjugendlichung im Verhalten, die typisch für Haustiere ist. Jungtiere sind ja allgemein geselliger als Erwachsene. Zum anderen sind Frettchen „wuselig“, neugierig und ständig auf neue Reize angewiesen, die ihnen ein lebender Partner einfach besser bieten kann.

Die Welt aus sicherer Warte betrachten…

TIP: Es ist zwar empfehlenswert, aber nicht zwingend notwendig, mindestens zwei Frettchen zu halten. Ein einzelnes Tier kann genauso glücklich sein, wenn es genügend „Ansprache" und Beschäftigung hat.

„ERZIEHUNG" – GEHT DAS?

Die meisten Verhaltensweisen des Frettchens sind ihm angeboren. Es kann sich in bestimmten Situationen nicht anders verhalten, als es das tut. Erziehung setzt aber einsichtiges Verhalten voraus. Deswegen können Sie ein Frettchen kaum erziehen, Sie können sich nur mit seinen Besonderheiten arrangieren.

Verbote und Strafen

Einem Frettchen etwas zu verbieten, heißt, es bei Zuwiderhandlungen zu bestrafen. Wenn Sie aber Ihr Frettchen bestrafen, wird es im Zweifelsfall gar nicht verstehen, worum es geht! Sie sind dann derjenige, der dem Tier gegenüber einen Vertrauensbruch begeht. Manche „körperlich erzogenen" Frettchen werden richtiggehend handscheu. Wenn Sie also Ihr Frettchen daran hindern wollen, etwas zu tun, was Ihnen unangenehm ist:

- ▶ Nutzen Sie Ihre menschliche Intelligenz, und schaffen Sie Hindernisse, die für das Frettchen unüberwindbar sind.
- ▶ Lenken Sie Ihr Frettchen mit viel interessanteren Dingen ab, wenn es im Begriff steht, etwas zu tun, was es nicht soll.

Für spezielle Situationen werde ich bei den betreffenden Verhaltensweisen immer wieder Tips einfügen.

GESICHTSMIMIK

Der Zoologe: „Frettchen verfügen als Marderartige aufgrund anatomischer Besonderheiten der Kopfmuskulatur über keine Gesichtsmimik". Der Frettchenhalter empört: „Ich sehe meinem Frettchen schon am ‚Gesichtsausdruck' an, was es gerade vor hat!"
Wer hat nun recht? Beide! Frettchen können neugierig aussehen oder schüchtern, sie können ärgerlich oder gespannt schauen, oder als ob sie sehr Wichtiges vorhaben. Sie können sogar „übers ganze Gesicht" lachen.
Es handelt sich dabei immer um eine Kombination kleiner und kleinster Anzeichen der Kopf- und Körperhaltung, der Ohrstellung und vielem mehr. Diese Kombination interpretiert der Mensch unbewußt in einen „Gesichtsausdruck" um, der seinem Vorstellungsvermögen entspricht, er „vermenschlicht". Auch Sie werden im Laufe der Zeit „vermenschlichen" und wissen, was Ihr Frettchen gerade für ein „Gesicht" macht.

Stubenreines Jungfrettchen – kein Problem.

Nase hoch und langer Hals: So sieht vorsichtige Neugier aus.

KÖRPERSPRACHE

Körpersprache ist bei Frettchen ein wichtiges Ausdrucksmittel für Stimmungen und dient der Kommunikation - zwischen Frettchen untereinander, aber auch zwischen Frettchen und Mensch.

„Bettvorlegerstellung"
Das Frettchen liegt lang ausgestreckt ganz flach auf dem Boden. Selbst das Kinn berührt den Boden, Hinterbeine und Schwanz sind nach hinten ausgestreckt. Die Haltung erinnert an einen Bettvorleger.
Ein Iltis oder Frettchen in dieser Stellung kann weder angreifen noch sich verteidigen; die Körperhaltung ist eine Beschwichtigungsgeste. Sie bedeutet soviel wie: „Ich habe nichts böses vor und möchte, daß Du Dich mir genauso freundlich näherst!" Die „Bettvorlegerstellung" kann im Umgang mit Menschen zur Bittgebärde erweitert sein. Manchmal wird fälschlicherweise angenommen, es handle sich bei der „Bettvorlegerstellung" um ein Anzeichen plötzlicher Erschöpfung. So schnell erholen sich aber nicht einmal Frettchen, wie diese Stellung wieder in wildes Spiel übergeht.

„Veitstanz"
Das genaue Gegenteil der „Bettvorlegerstellung": Sie öffnen die Käfigtür, Ihr Frettchen kommt herausgeschossen und „umtanzt" Sie mit den verrücktesten „Bocksprüngen". Das Mäul-

MEIN FRETTCHEN „SPRICHT" MIT MIR

Verhalten	Bedeutung
Bettvorlegerstellung	► „Ich habe nichts Böses vor und tu' Dir nichts!" ► „Spiel doch endlich mit mir!" ► „Mach bitte die Tür auf!"
Veitstanz	► „Ich kann mich vor lauter guter Laune gar nicht fassen und muß mich austoben!"
Rückwärtslaufen	► „Fang mich doch!"
Schwanzzucken	► „Das ist jetzt so interessant, und ich komm' nicht ran, will aber!"
Fellsträuben	► „Hier ist's gefährlich, da macht mir etwas Angst!" ► „ Da ist ein Eindringling in meinem Revier; den muß ich bekämpfen!"
Muckern, Keckern, Goggern	► „Ich bin aufgeregt!" ► „Die Tonhöhe und das Tempo sagen Dir, was ich genau meine!"
Fauchen	► „Laß' mich bloß in Ruhe!"
Angstschrei	► „Lebensgefahr!!"

„Keine Chance – mir entgeht nichts!"

chen ist weit aufgesperrt, und der Kopf wird hin und her geschüttelt. Das Tier macht einen „Katzenbuckel" und hüpft wie ein Gummiball, wobei es nicht selten an Möbel oder sonstige Hindernisse prallt.

In diesem Frettchen hat sich eine Menge überschüssige Energie angesammelt. Und nun freut es sich, sie loswerden zu können. Gleichzeitig handelt es sich um eine Spielaufforderung.

Rückwärtslaufen

Das Frettchen läuft mit „Katzenbuckel", weit aufgesperrtem Mäulchen und steil nach oben gerichteter Rute rückwärts von Ihnen weg. Wenn Sie ihm folgen, dreht es sich schnell um und läuft davon, unter den nächsten Schrank oder in sonst ein Versteck. Das Rückwärtslaufen ist Spielaufforderung, dem manchmal ein Zwicken in den Zeh vorausgeht.

Schwanzzucken

Bei Katzen häufiger, bei Frettchen eher selten zu sehen, drückt dieses Verhalten höchste Spannung oder gespannte Aufmerksamkeit aus. Und zwar meist nur dann, wenn das Objekt der Aufmerksamkeit nicht ohne weiteres erreicht werden kann. Häufig liegt das Frettchen – ähnlich wie bei der „Bettvorlegerstellung" – flach auf dem Boden, im Unterschied dazu aber mit sprungbereit angezogenen Beinen. Die Rute zuckt ruckartig waagerecht hin und her.

Fellsträuben

Das Fell sträubt sich, die Rute verwandelt sich in eine Flaschenbürste. Das heißt: Dieser Ort oder etwas an diesem Ort ist zumindest nicht ganz geheuer. In der Folge gibt es zwei Möglichkeiten:

- ▶ Versucht das Frettchen zu flüchten, droht ihm eine vermeintliche oder echte Gefahr.
- ▶ Bewegt es sich im Zeitlupentempo vorwärts, signalisiert das gesträubte Fell Angriffsbereitschaft.

LAUTÄUSSERUNGEN

Bei Frettchen ist es wie bei Menschen. Manche reden nur, wenn sie wirklich etwas zu sagen haben, während andere ausgesprochen „geschwätzig" sind.

Muckern, Keckern, Goggern

Das ist die am häufigsten zu hörende Lautäußerung der Frettchen.
Je nach Tonlage und Frequenz wird die Lautäußerung in verschiedenen Situationen mit unterschiedlicher Bedeutung gebraucht.
Einige Beispiele:

- ▶ Ein hohes, an Hühnergackern erinnerndes Muckern drückt gute Laune aus.
- ▶ Ein schnelles, hohes Keckern mit „quietschenden Untertönen" signalisiert Abwehr oder gar Angst.
- ▶ Mit einem tiefen Goggern versucht Ihr Frettchen Ihnen etwas mitzuteilen, etwa, daß jetzt der tägliche Spaziergang fällig wäre. Beobachten Sie selbst!

Fauchen

Fauchen heißt bei Frettchen, wie auch bei Katzen: „Laß' mich in Ruhe, und komm' mir nicht zu nahe!" Das Fauchen kann - muß aber nicht - vom Fellsträuben begleitet sein. Junge Frettchen „üben" das auch ohne sichtbaren Anlaß!

Angstschrei

Der Angstschrei ist ein wirklich markerschütterndes schrilles Quietschen.Er signalisiert höchstes Erschrekken und Todesangst. Beim Waldiltis ist er erst dann zu hören, wenn Hund, Wolf, Bär, Luchs ihn schon gepackt haben. Der Laut soll den Angreifer so erschrekken, daß er wieder losläßt.

GERUCHSSIGNALE

„Frettchen stinken"! Das ist leider nicht nur ein gängiges Vorurteil. Ob Frettchen das aber in jedem Fall auch so empfinden ...?
Es können drei verschiedene Formen von Geruchssignalen unterschieden werden.

Unwiderstehlich: Alles Höhlenartige.

FRETTCHENVERHALTEN – PROBLEME UND LÖSUNGEN

„Bunkern“	▶ Futternäpfe immer gefüllt halten, nur soviel Leckerbissen, wie auf einmal gefressen werden. ▶ Nichts herumliegen lassen, vor allem nicht Textilien, Besteck, Plastiktüten und Papier.
Buddeln und Graben	▶ Blumentöpfe außer Reichweite bringen oder Öffnungen für Frettchen unzugänglich machen. ▶ Kein Freilauf in Räumen mit Teppichboden. ▶ Buddelkiste mit Sand oder Erde anbieten.
Stubenreinheit	▶ Frettchen sind normalerweise von „Natur“ aus stubenrein. ▶ Jungtiere genau überwachen und immer bei ersten Anzeichen auf die Katzentoilette setzen. ▶ Andere Katzenstreu ausprobieren und Katzentoilette mit niedrigerem Rand verwenden.
Beißen	▶ Jungtiere lernen von Ihnen, wie fest sie spielerisch zubeißen dürfen: Laut protestieren und Spiel abbrechen, wie es auch andere Frettchen tun. ▶ Bei „Angst-“ oder sonstigen „Abwehrbeißern“ hilft nur viel Geduld.

Eigengeruch

Menschen unterdrücken ihren Eigengeruch durch allerlei Hilfsmittel. Bei Tieren, und gerade bei Raubtieren, dient der Eigengeruch aber gewissermaßen als „Personalausweis“; die Tiere stellen durch gegenseitiges Beriechen – vor allem in der Analgegend – fest, wen sie vor sich haben.

TIP: Der raubtierartige Eigengeruch von Frettchen ist auch durch mehrmaliges Baden nicht zu beseitigen. Das Frettchen kann sich nach dem Baden nur selbst nicht mehr riechen und versucht schleunigst, diesen Mißstand zu beseitigen – und Ihre Nase leidet doppelt.

Reviermarkierung

Geschlechtsreife Frettchen, vor allem Rüden, besetzen ein Revier, das nach außen hin auch markiert werden muß, um Eindringlinge abzuhalten und Fähen anzulocken. Das geschieht durch Pheromone (Sexualduftstoffe) im Urin und – nur wenig – aus den Analdrüsen.

Der Geruch ist intensiv und sehr haltbar. Es wird alles markiert, was auch nur einen halben Zentimeter über den Boden ragt, auch Teppichfalten oder Ihre Füße. Da gibt es nur zwei Alternativen: Ertragen Sie es, oder lassen Sie Ihren Rüden mit Eintritt der Geschlechtsreife kastrieren.

Ein kastrierter Frettchenrüde sieht sich selbst nicht mehr als Rüden und hat deshalb keine Veranlassung zur intensiven Reviermarkierung.

Analdrüsensekret

Im Gegensatz zur landläufigen Auffassung werden Sie damit kaum Probleme haben. Die paarigen Analdrüsen befinden sich links und rechts unterhalb der Schwanzwurzel. Das Sekret wird nur in Gefahren- oder Streßsituationen abgegeben und dient der Feindabwehr. Der Geruch verfliegt recht rasch wieder.

TIP: Nach dem bundesdeutschen Tierschutzgesetz erfüllt das chirurgische Entfernen der Analdrüsen den Tatbestand der Tierquälerei und ist somit illegal.

Ins Gesicht beißen verstößt gegen jede Frettchen-Spielregel.

TYPISCH FRETTCHEN!

Bis jetzt ging es um Verhaltensweisen, die der Äußerung von Stimmungen oder deren Mitteilung dienen. Es gibt aber auch eine Reihe von Verhaltensweisen, die unabhängig von Stimmungen sind. Sie gehören zum Frettchen und erschweren teilweise das reibungslose Zusammenleben etwas.

„Bunkern"

Unter „Bunkern" versteht man das Einlagern von Material in die Schlafkiste, aber auch in sonstige höhlenähnliche Verstecke. Ich unterscheide zwischen:

- „Bunkern" von Futter, also das Einlagern von Nahrung für schlechte Zeiten (siehe S. 35).
- Eintragen von Nistmaterial. Sie werden sich wundern, was Frettchen dafür alles für tauglich befinden.
- Mitnehmen von Spielzeug. Manche Frettchen nehmen grundsätzlich ihr Lieblingsspielzeug mit „ins Bett". Andere einfach alles, womit sie gerade gespielt haben.

TIP: Halten Sie die Futternäpfe immer gefüllt, und geben Sie nur soviel Leckerbissen, wie auf einmal gefressen werden. Lassen Sie außerdem absolut nichts herumliegen.

Freundschaftliche Balgerei – vorsicht vor spitzen Zähnen.

Buddeln und Graben

Der Waldiltis ist ein Erdbaubewohner, der teilweise auch unterirdisch jagt; das Graben liegt ihm gewissermaßen im Blut, ist Trieb. Das Frettchen hat diesen Trieb geerbt, hat aber andererseits in einer normalen mitteleuropäischen Wohnung kaum Möglichkeiten, ihn abzureagieren, außer... an Ihren Topfpflanzen oder am Teppichboden in einer Zimmerecke. Beiden ist das aber nicht unbedingt zuträglich.
Lassen Sie Frettchen nicht in Räume mit Teppichböden, und bringen Sie Topfpflanzen außer Reichweite. Sollte letzteres nicht möglich sein, legen Sie große Steine in die Blumentöpfe, ziehen Maschendraht über die Öffnung, oder basteln Sie sich Holzmanschetten (Bild S. 47). Bieten Sie alternativ Buddelkisten an.

Neugier

Iltisse sind verhältnismäßig klein und wenig wehrhaft. Für sie ist es lebenswichtig, in Ihrem Revier alle wichtigen Landmarken, Unterschlupfmöglichkeiten, Gefahren- und Nahrungsquellen genauestens zu kennen. Dementsprechend muß ein Frettchen einfach alles untersuchen. Es muß auch genau wissen, was sich in seinem Revier gerade abspielt. Sie als Mensch werden von Ihrem Frettchen gewissermaßen als „Überfrettchen" angesehen. Ihr Frettchen muß unbedingt wissen, was Sie gerade tun; es wird Sie auf Schritt und Tritt verfolgen. Wenn Sie beispielsweise Geschirr spülen, seien Sie darauf gefaßt, daß Ihr Frettchen an Ihnen hochklettert, um genauer nachzusehen, was hier passiert. Aber auch sonst werden alle für das Frettchen neuen Gegenstände genau untersucht.

TIP: Neugier ist für Kleinbeutegreifer überlebenswichtig und daher angeboren. Ständige Neugier macht den Hauptreiz der Frettchen aus – man kann sie ihnen nicht abgewöhnen!

FRETTCHEN UND ANDERE HAUSTIERE

Aquarien und Terrarien	▶ Gut verschlossen halten. ▶ Verhindern, daß Frettchen an das technische Zubehör gelangen.
Zwergkaninchen, Meerschweinchen Nager und Vögel	▶ Passen ins Beuteschema und können getötet werden. ▶ In jedem Fall in getrennten Räumen halten. ▶ Auch nicht unter Aufsicht zusammen spielen lassen; der Tötungsbiß erfolgt blitzschnell!
Hunde und Katzen	▶ Funktioniert am besten, wenn die Tiere von klein auf aneinander gewöhnt werden. ▶ Viele Frettchen spielen gern mit Katzen, was wiederum manchen Katzen gar nicht behagt. ▶ Manche Frettchen lieben Hunde, andere haben panische Angst vor ihnen. ▶ Es gibt sehr „frettchenliebe" Hunde, aber auch solche, für die ein Frettchen ein Leckerbissen wäre.

STUBENREINHEIT

Der „blödeste Spruch", den ich zu hören kriegen kann: „Ich habe mein Frettchen erzogen, auf die Katzentoilette zu gehen."
Iltisse haben im Wald ihre festen Losungsplätze; das ist ihnen angeboren. Die Frettchen haben dieses Verhalten geerbt. Sowie Frettchenwelpen feste Nahrung aufnehmen - und das ist, bevor sie die Augen öffnen - , suchen sie eine bestimmte Ecke der Wurfkiste auf, um sich zu lösen. Dieses Verhalten setzt sich später außerhalb der Wurfkiste fort.
Die ganze Kunst liegt eigentlich in der Hand des Züchters. Bietet er den Welpen eine Katzentoilette in greifbarer Nähe an, wird sie im Verlauf von zwei Wochen angenommen. Die Tiere wissen dann auch in Ihrem neuen Heim genau, wofür eine Katzentoilette gut ist. Daß sie mit Ihnen geteilter Auffassung sein können, wo diese zu stehen hat, ist eine andere Sache. Seien Sie der Klügere, und geben Sie nach! Anders ist es mit Frettchen, die beim Züchter keine Katzentoilette kannten. Damit haben Sie ein Problem! Die Tiere haben zwar schnell feste „Kloecken", sind aber meist nicht geneigt, Katzentoiletten anzunehmen. Ich selbst besitze so einen „Kandidaten". Er benutzt dieselben Ecken wie die anderen, setzt sich aber grundsätzlich daneben.

Auf Menschen geprägte Frettchen kann man gut mit älteren Kindern spielen lassen.

LÄSSIG AN DER LEINE

Orientieren Sie sich am Iltis!	Regeln für das Frettchen
▶ Iltiswelpen verlassen bis zum Alter von 4 bis 6 Monaten die nähere Umgebung ihres Geburtsbaus nicht.	▶ Nicht zu früh (erst mit 5 bis 6 Monaten) mit Spaziergängen beginnen.
▶ Iltisse haben viele Feinde. Sie meiden helles Tageslicht und offene Flächen.	▶ Gehen Sie mit Ihrem Frettchen am Spätnachmittag oder gegen Abend im Wald spazieren.
▶ Iltisfähen haben feste Reviere und fürchten sich davor, diese zu verlassen.	▶ Fähen gehen nur in bekannter Umgebung gern spazieren. ▶ Kastrierte Tiere empfinden keine Geschlechtlichkeit und verhalten sich wie Fähen.
▶ Iltisrüden versuchen, während der Ranzzeit möglichst große Reviere abzupatroullieren, um viele Fähen zu beglücken.	▶ Unkastrierte Rüden haben während der Ranzzeit (Ende Januar/Anfang Februar bis Mitte/Ende September) einen ausgeprägten Lauftrieb, der jeweils langsam zu- und abnimmt – berücksichtigen Sie das.

Ganz allgemein

- ▶ Beobachten Sie Ihr Frettchen. An seinem Verhalten können Sie ablesen, ob es gerne spazierengeht.
- ▶ Üben Sie keinen Zwang aus, und lassen Sie dem Tier Zeit, die neue Umgebung kennenzulernen.
- ▶ Lassen Sie Ihr Frettchen nie freilaufen.

Ein nicht behebbares Problem ist die Sache mit Zimmertüren: Sie achten darauf, daß das Frettchen nicht mit „hindurchwischt". Das Frettchen reagiert prompt und bringt genau vor der Tür seine Reviermarkierung in Form eines „Häufchens" oder einer „Pfütze" an.
Falls Sie ein Frettchen erhalten, das die Katzentoilette nicht oder nur ausnahmsweise benutzt: Jungtiere immer unter Aufsicht halten. Wenn sie zum „Geschäft" ansetzen, sofort aufs Klo setzen. Oft funktioniert das!
Ab einem gewissen Alter – spätestens mit Eintritt der Geschlechtsreife – ist aber meist nichts mehr zu erreichen.

Das Geschirr darf nicht zu eng sein.

FRETTCHEN MIT BISS

Frettchenspiele sind meist Jagdspiele, bei denen auch der Tötungsbiß geübt wird. Aber: Bereits die Welpen lernen, wo und wie fest sie ihre Spielpartner beißen dürfen. Wenn Ihr junges Frettchen Sie beim Spielen zu fest beißt, tun Sie Ihren Unmut durch ein lautes „Nein" kund und brechen Sie das Spiel ab. Außerdem werden auch Sie sehr schnell lernen, Ihre Hand im richtigen Moment so zu drehen, daß der Biß weitgehend wirkungslos bleibt. Keinesfalls sollten Sie:

- ▶ Das Frettchen schlagen oder sonstwie bestrafen.
- ▶ Beim Spielen Handschuhe tragen.
- ▶ Angst vor dem Biß zeigen. Das macht das Beißen für das Frettchen erst recht reizvoll.

Nackte Haut

Frettchen haben ein mir unerklärliches Faible für nackte Haut. Es scheint, daß die meisten Frettchen gar nicht anders können, als in nackte Füße oder Unterarme zu zwicken. Manchmal ist das zwar eine Spielaufforderung, meist kann man dem Frettchen aber ansehen, daß es einen regelrechten Zwang verspürt: Es leckt, verdreht plötzlich die Augen und beißt unvermittelt zu.

TIP: Tragen Sie Hausschuhe, und beobachten Sie Ihr Frettchen genau, wenn Sie es auf dem Arm haben; Sie werden dem Tier ansehen, was es vorhat.

Wirklich bissige Frettchen…

...gibt es auch. Einmal sind da wenig oder nicht auf Menschen geprägte Tiere. Als Haustiere haben sie zwar keine Angst vor Menschen, sehen sie aber auch nicht als Artgenossen an und versuchen sie durch massive Abwehrbisse einzuschüchtern.
Manche Frettchen hatten als Jungtiere bestimmte „Erfolgserlebnisse": Menschen zeigten Angst vor ihren Bissen. So etwas wirkt sich positiv auf das Selbstbewußtsein aus, ist aber für das Zusammenleben weniger erfreulich.
Schließlich sind da noch die „Angstbeißer", die irgendwann einmal „erzogen" wurden. Wenn Ihnen so ein Frettchen angeboten wird, nehmen Sie es als Anfänger besser nicht. Bei so einem Tier ist sehr viel Geduld, Toleranz und Erfahrung nötig. Die Erfolgsaussichten sind vor allem bei schlecht geprägten Tieren gering.

FRETTCHEN AN DER LEINE

Für mich kein sehr erfreuliches Bild, aber leider immer wieder zu sehen:
Ein Frettchen wird an der Leine mitgeschleppt, oder es trappst lustlos hinterher, weil es weiß, daß Widerstand ohnehin zwecklos ist. Noch schlimmer: Jemand muß mit seinem ach so exotischen Haustier angeben und schleppt das Frettchen in Fußgängerzone, Kneipe oder Disco! Wissen diese Leute, was sie den Tieren antun?
Irgendwann gewöhnt sich ein Frettchen auch an so etwas, es stumpft gegen die Reizflut ab und/oder wird schwerhörig. Ob man das aber als artgerechte Haltung bezeichnen kann?
Machen Sie es besser! Wie, lesen Sie in nebenstehendem Kasten.

Eine Holzabdeckung hält das Frettchen vom Buddeln ab.

Pflege und Gesundheit

Glänzende Augen, glänzendes Fell

Gesunde, artgerecht gehaltene Frettchen benötigen nur in Ausnahmefällen zusätzliche Pflege. Wichtig sind jedoch einige vorbeugende Maßnahmen und eine fachgerechte Behandlung durch den Tierarzt.

FELLPFLEGE

In der Regel ist jedes Frettchen, auch Angorafrettchen, in der Lage, sein Fell selbst zu pflegen. Sorgen Sie für Strukturen im Käfig, an denen sich das Frettchen schubbern kann. So können Sie sich das Bürsten mit einer weichen(!) Bürste sogar während des Fellwechsels im Frühjahr und Herbst sparen. Zudem wird das Bürsten von vielen Frettchen als unangenehm empfunden.

Baden

Die meisten Frettchen sind ausgesprochen wasserscheu. Nur Jungtiere und sehr wenige Erwachsene sind richtige „Wasserratten". Baden Sie Ihr Frettchen möglichst nur bei starker Verschmutzung (Sie werden sich wundern, wie selten das vorkommt!) oder bei Parasitenbefall. Benutzen Sie keinesfalls scharfe Seifen oder Schaumbäder und Shampoos für Menschen. Diese zerstören den wichtigen Fettfilm auf der Haut und reizen Augen und Schleimhäute. Auch parfümierte Substanzen werden nur von Ihnen, nicht aber vom Frettchen als angenehm empfunden.

TIP: Stellen Sie ihrem Frettchen ab und an eine mit Wasser gefüllte Katzentoilette hin, und überlassen Sie dem Tier alles Weitere.

KRALLEN

Frettchen, die sich viel auf Natur- oder Steinboden bewegen, zu deren

Besser können Sie's mit der Bürste auch nicht.

TIP: Die Vorderbranten sind „Grabschaufeln", ihre Krallen deshalb länger als die der Hinterbranten.

Käfigeinrichtung rauhborkige Äste gehören und die Gelegenheit zum Graben haben, nutzen ihre Krallen von selbst ab. Das einzige meiner Frettchen, dem ich jemals die Krallen schneiden mußte, war eine über zehnjährige Fähe, die sich nicht mehr ausreichend bewegte. Sollte bei Ihrem Tier das Schneiden der Krallen notwendig werden, wenden Sie sich an Ihren Zoofachhändler oder Tierarzt. Sie können sich das richtige Krallenschneiden auch von einem erfahrenen Halter zeigen lassen. Achten Sie darauf, nicht die in die Kralle hineinreichenden Blutgefäße zu verletzen.

OHREN

Eine verbreitete Unsitte ist das häufige „Ohrenputzen". Das Ohrschmalz hat durchaus einen biologischen Sinn: Es fettet und schützt die äußerst empfindliche Haut der äußeren Gehörgänge.
Die meisten Frettchen mögen es überhaupt nicht, wenn man an ihren Ohren „herumhantiert". Sie wehren sich nach Kräften. Das macht die Gefahr recht groß, das Trommelfell zu verletzen. Ohrenreinigen ist, wenn überhaupt, nur bei Ohrmilbenbefall angezeigt. Da das Ohrschmalz dem Sekret, das bei Milbenbefall abgesondert wird, sehr ähnlich sieht, sollten Sie im Zweifel immer den Tierarzt aufsuchen.

ZÄHNE

Daß sich die Fangzähne bei älteren Frettchen unregelmäßig gelblich verfärben oder durchsichtig werden, ist normal und kein Grund zur Beunruhigung. Abgebrochene Fangzähne kommen häufig vor und scheinen die Tiere nicht zu beeinträchtigen.
Lediglich Zahnstein und

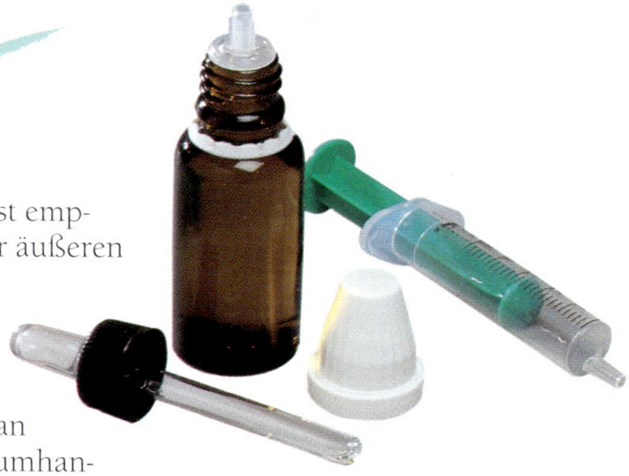

Medikamente nur auf Anordnung des Tierarztes!

Karies können auftreten. Zwar gibt es Tierärzte, die auf Zahnbehandlung bei Heimtieren spezialisiert sind, besser ist es aber, Sie lassen es gar nicht erst so weit kommen.
Ein- bis zweimal in der Woche ein paar walnußgroße Stücke rohes Rindfleisch, auf denen die Tiere herumknautschen, verhindert Zahnsteinbildung. Wenn Sie hauptsächlich zuckerfreies Futter verwenden, beugen Sie sehr wirksam gegen Karies vor.

HÄUFIGE PARASITEN ERKENNEN UND BEHANDELN

Parasiten	Anzeichen	Behandlung
Flöhe	Häufiges Kratzen, Flohkot in Form winziger schwarzer Pünktchen im Fell.	▶ Flohshampoo aus dem Zoofachhandel oder vom Tierarzt. ▶ Umgebungsspray mit Langzeitwirkung.
Zecken	Beißen sich in der Haut fest. Häufig nach Waldspaziergängen	▶ Entfernen mit einer Zeckenpinzette aus dem Handel.
Ohrmilben	Werden durch den Tierarzt festgestellt. Bei den meisten Frettchen vorhanden, aber – anders als bei Katzen – meist unproblematisch.	▶ Vom Tierarzt verschriebene Salbe oder ▶ Injektion durch den Tierarzt.
Darmparasiten (Einzeller, Würmer)	Ständig wiederkehrender, eventuell blutiger Durchfall (auch andere Ursachen möglich). Mittels einer Kotprobe feststellen lassen, um welchen Parasiten es sich handelt.	▶ Vorbeugend regelmäßige Kotuntersuchungen durchführen lassen. ▶ Behandlung nur bei positivem Befund. ▶ Nur vom Tierarzt verordnete Medikamente exakt nach Anleitung verwenden.

Das ungeliebte Bad: Am besten nur bei Flohbefall.

GEFAHREN IM HAUSHALT

Nutzen Sie einfach Ihren gesunden Menschenverstand. Frettchen sind wie Kleinkinder. Sie sind ähnlich neugierig und müssen alles untersuchen. Sie können sich vergiften, Verbrennungen zuziehen, sich einklemmen, Stromschläge bekommen und in Plastiktüten ersticken. Hinzu kommt die Vorliebe für Höhlen; und auch offene Schränke und Waschmaschinen sind „Höhlen", in denen man ein Schläfchen halten kann.

TIP: Sichern Sie Ihre Wohnung und deren Einrichtung ab, als ob ein Kleinkind im Haus wäre.

VORBEUGEN IST BESSER ALS HEILEN

Erbgesunde und artgerecht gehaltene Frettchen werden selten krank.

▶ Achten sie auf gesunde und abwechslungsreiche Ernährung.

▶ Saubere – nicht keimfreie! – Haltung mit genügend Auslauf und Beschäftigung.

▶ Lassen Sie Ihr Frettchen regelmäßig vom Tierarzt „durchchecken".

▶ Eine Kotuntersuchung zwei- bis viermal jährlich im tierärztlichen Labor ist vor allem bei „Freilandfrettchen" sinnvoll.

▶ Beobachten Sie Ihr Frettchen auf auffällige Verhaltensänderungen (Apathie, geändertes Freßverhalten, erhöhte Schmerzempfind-

Gründliches Abtrocknen beugt Erkältung vor.

lichkeit) sowie auf unerklärliche Gewichtszu- oder -abnahme.

Impfungen

Lassen Sie Ihr Frettchen auf jeden Fall jährlich impfen. Spezielle Impfungen für Frettchen gibt es nicht, es wird sich in der Regel um eine kombinierte Fünffachimpfung für Hunde oder Katzen gegen Tollwut, Staupe, Hepathitis, Leptospirose und Parvovirose handeln. Staupe ist grundsätzlich tödlich für Frettchen. Sie wird durch Tröpfcheninfektion übertragen. Staupeviren können Sie sogar an Ihren Schuhen in die Wohnung tragen. Tollwut ist auch für Menschen lebensbedrohlich und daher meldepflichtig. Erkrankte oder tollwutverdächtige Tiere müssen sofort getötet werden. Tollwut wird durch den Biß erkrankter Tiere übertragen. Hepathitis bekommen Frettchen gar nicht, für Leptospirose scheinen sie nicht sehr anfällig zu sein. Parvovirose kommt laut amerikanischer Literatur bei Frettchen nicht vor, es ist aber sicherer, das Tier trotzdem impfen zu lassen.

PARASITEN

Parasiten stellen für Wildtiere aufgrund ihrer Mobilität meist keine allzu großen Probleme dar. Anders bei Heimtieren, die sich ständig im selben Bereich aufhalten. Hier kann durch ständige Reinfektion der Befall so stark werden, daß Schädigungen des Organismus die Folge sind.

KRANKHEITEN

Beobachten Sie Ihr Frettchen genau, und gehen Sie bei Krankheitsanzeichen zum Tierarzt. „Doktern" Sie keinesfalls selbst mit irgendwelchen Medikamenten herum, die von Ihrer eigenen letzten Erkrankung noch übrig sind, und halten Sie sich bei verordneten Medikamenten genau an die Anweisungen des Tierarztes!

Alternative Heilmethoden

Manche Frettchenhalter schwören auf „ihren" Tierheilpraktiker und berichten über erstaunliche Heilerfol-

Richtiges Krallenschneiden will gelernt sein.

ge. Aber auch mehr und mehr Tierärzte wenden sich verschiedenen Naturheilverfahren zu.
Ob Homöopathie, Bachblütentherapie oder Akupunktur – solange es dem Tier nicht schadet, ist es immer einen Versuch wert. Und wenn ein meßbarer Erfolg eintritt, um so besser.

TIP: Keinesfalls können alternative Heilmethoden jährliche Impfungen und regelmäßige Routineuntersuchungen ersetzen.

KASTRATION

Daß ein geschlechtsreifer Rüde während der Ranzzeit äußerst ausdauernd seine stark riechenden Markierungen setzt wurde bereits erläutert. Das ist für den Halter unangenehm, aber

DIE WICHTIGSTEN KRANKHEITEN DER FRETTCHEN

Symptome	Erkrankung	Maßnahmen
Niesen, Nasenausfluß, eventuell Fieber	Erkältung, Grippe	▸ Normalerweise zwar unproblematisch, aber Sekundärinfektionen möglich. ▸ Auf jeden Fall zum Tierarzt.
breiiger Kot oder Durchfall	Vergiftung durch verdorbenes Futter. Div. Viruserkrankungen, v.a. im Sommer.	▸ Viel Flüssigkeit geben, 24 Stunden kein Futter. ▸ Bei schweren Fällen zum Tierarzt.
Appetitlosigkeit und Gewichtsverlust	Darmverschluß durch mitgefressenen Fremdkörper.	▸ Unbedingt Tierarzt aufsuchen, der den Fremdkörper entfernt!
Erbrechen und/oder Atemnot	Vergiftungen durch Reinigungsmittel, Medikamente oder stark salzhaltige Speisen.	▸ Vergiftungsmöglichkeiten von vorn herein ausschalten. ▸ Vergiftungsquelle feststellen. ▸ Sofort zum Tierarzt!
Kurzatmigkeit und Konditionsschwäche.	Herzschwäche, meist altersbedingt, aber auch bei Jungtieren möglich.	▸ Diagnose und Behandlung durch den Tierarzt (jährlicher Check!).
Kirschgroße Schwellung der Vulva, blasse Schleimhäute und/oder Ausfluß aus der Scheide.	Dauerranz	▸ siehe Kastration
Hochschlucken, Würgen.	Knochensplitter oder sonstiger Fremdkörper steckt zwischen den Zähnen, den Zahnreihen oder im Rachen.	▸ Lokalisieren und entfernen oder vom Tierarzt entfernen lassen.
Weißlicher, breiiger Ausfluß aus Penis oder Scheide.	Blasen- oder Harnröhrenentzündung / Pyometra	▸ Antibiotikabehandlung durch den Tierarzt.
Häufiges Rutschen auf dem Hinterteil.	Ausführgänge der Analdrüsen verstopft, Analdrüsen übermäßig gefüllt. Auch starker Befall mit Spulwürmern denkbar.	▸ Analdrüsen vom Tierarzt ausdrücken lassen. ▸ Nicht selbst ausdrücken, Verletzungsgefahr. ▸ Spulwürmer: siehe Darmparasiten.

für das Tier ungefährlich. Anders ist das bei Fähen: Die sind in der Ranz nicht so „nervtötend", sondern eher „anschmiegsamer". Für das Tier besteht aber Gefahr!

Eine Waldiltisfähe ranzt periodisch. Etwa ab Anfang März schwillt die Vulva auf Kirschgröße an, das Tier ist paarungsgbereit. Wird das Tier nicht gedeckt, hält dieser Zustand ca. 6-8 Wochen an. Dann geht die Schwellung zurück, nach einer Regenationsphase wiederholt sich der Vorgang.

Bei ca. 30% aller Frettchenfähen bleibt die Regenerationsphase aus, man spricht von Dauerranz.

Durch dauernde Schleimsekretion wird dabei ein idealer Nährboden für Gebärmutterinfektionen geschaffen. Schlimmer noch: Die gleichbleibend hohe Konzentration weiblicher Geschlechtshormone schädigt das rote Knochenmark, Blutarmut (Anämie) ist dann die - oft tödliche - Folge.

Wenn Sie mit Ihren Frettchen nicht züchten wollen, lassen Sie die Tiere, ob Männchen oder Weibchen, mit 9 - 12 Monaten kastrieren. Warten Sie bei Dauerranz auf keinen Fall länger als 3 - 4 Wochen mit der Kastration ab. Das Tier könnte an einer Anämie sterben.

„KRANKHEITEN", DIE KEINE SIND:

Symptom	Ursache
Zittern nach dem Aufwachen	Ist absolut normal und dient lediglich dem schnellen „Hochfahren" des Stoffwechsels.
Veitstanz (siehe Verhalten)	Drückt Lebensfreude und gute Laune aus.
Gewichtszunahme im Herbst	Ist ein natürlicher Vorgang: Der schützende jährliche Winterspeck wird angefressen.
Gewichtsabnahme im Frühjahr	Ist genauso normal: Der Winterspeck kommt wieder runter.
Haarverlust am Schwanz	Natürliches Phänomen v.a. im Sommer. Haare wachsen nach.

Anhaltende Teilnahmslosigkeit ist ein Alarmsignal.

Eins und eins macht….

Frettchen züchten

Das Erlebnis, ein Muttertier seine Jungen aufziehen zu sehen und die Entwicklung der Welpen zu beobachten, ist sicher von besonderem Reiz. Andererseits ist es mit einigen Problemen, sehr viel Zeitaufwand und Arbeit verbunden.

Kindchenschema pur: Frettchenwelpe, 6 Wochen alt.

Frettchenliebe – in unseren Augen nicht nur zärtlich.

Blind, taub und hilflos: Welpen mit etwa 10 Tagen.

DENKEN SIE VORHER DARAN

Auch wenn Ihnen Ihre Fähe sehr viel Arbeit abnimmt:

- Zwischen 1 und 16 Welpen ist alles „drin“. Im Durchschnitt sind es „nur“ 6-10. Die Größe der Fähe spielt dabei keine Rolle.

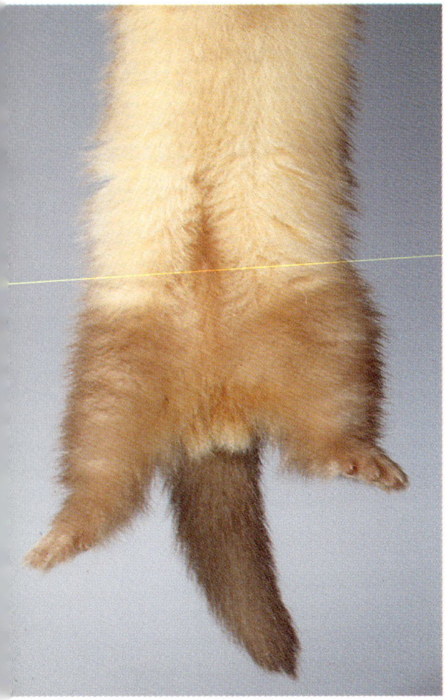

Rüde während der Ranz: Deutlich hervortretende Hoden.

- Wenn die Welpen drei Wochen alt sind, müssen Sie die Wurfkiste dreimal täglich reinigen.
- Wenn die Welpen sechs Wochen alt sind, dehnen sich die Reinigungsmaßnahmen auf den gesamten Käfig aus.
- 10 junge Frettchen „verputzen" eine ganze Menge. 15–20 Dosen Katzenfutter à 400 g gehen pro Woche weg, das Ergänzungsfutter nicht gerechnet.
- 10 junge Frettchen brauchen ganz schön viel Platz.
- Um die Jungtiere auf Menschen zu prägen, müssen Sie ab der siebten Woche täglich mindestens zwei Stunden mit den Tieren spielen. Bei den nadelspitzen Milchzähnen ist das Vergnügen manchmal eher einseitig.

Das alles ist wenigstens 8, besser 10 Wochen, auszuhalten. So alt sollten die Welpen nämlich sein, wenn Sie sie abgeben.

Wohin mit den Jungen?

Diese Frage stellen sich viele „Frettchenzüchter" leider erst dann, wenn es eigentlich schon zu spät ist. Sie dürfen mir glauben, daß ich weiß, wovon ich spreche.
Die „Frettchenfreunde Schwaben e. V." wurden 1997 als Forum für Frettchenhalter gegründet.
Aber bereits im Gründungsjahr mußten über 50 Frettchen, die einfach ausgesetzt oder in Tierheime abgeschoben wurden, in die berühmten „guten Hände" vermittelt werden. Der Verein sah sich gezwungen, ein Gelände zu pachten, und eine Auffangstation zu bauen. Sie wurde 1999 offiziell als „tierheimähnliche Einrichtung" in Betrieb genommen.
Wenn Sie also junge Frettchen haben und wirklich nicht mehr wissen, was Sie tun sollen: Rufen Sie uns bitte an (Adresse und Telefon im Anhang). Aber rechnen Sie auch mit unangenehmen, kritischen Fragen! Unser Ziel ist nicht die Welpenvermittlung, vielmehr wollen wir unüberlegte Zuchtaktionen zum Wohl der Tiere von vornherein verhindern.

DIE RANZ

Die folgenden Zeitangaben können je nach den Haltungsbedingungen etwas variieren.
Bei Rüden dauert die Ranzzeit meist etwa von Mitte bis Ende Januar bis Ende September. Zu erkennen ist dies deutlich an einer allmählichen Vergrößerung der Hoden am Anfang und einer genauso allmählichen Verkleinerung am Ende. Der Rüde ist prinzipiell während der gesamten Ranzzeit zeugungsfähig. Das Tier ist unruhig, sehr markier- und lauffreudig, außerdem extrem ausbruchsgefährdet.
Die Ranz der Fähe beginnt etwas später, endet etwas früher und verläuft – wie bereits beschrieben (siehe S. 53) – im Normalfall zyklisch. Das heißt, die Paarungsbereitschaft nimmt mit dem Anschwellen der Vulva zu und mit ihrem Abschwellen wieder ab. Der Vorgang wiederholt sich periodisch. Empfängnisbereit ist die Fähe, wenn die Vulva auf Haselnuß- oder Kirschgröße angeschwollen ist.

AUSWAHL DER PARTNER

Gängige Praxis: Die Fähe ist „soweit". Der Züchter hat sich bereits vorab um einen passenden Deckrüden gekümmert. Er nimmt seine Fähe und fährt zum Rüden, der die Fähe auch prompt begattet.
Für mich kein schöner Gedanke. Denn in der Natur bewohnen Iltisfähen ein festes Revier und werden von „herumzigeunernden" Rüden besucht. Da kann es schon vorkommen, daß die Fähe einen Rüden ablehnt, vor allem, wenn sie ihn vorher nicht kannte. Das heißt, die Fähe trifft ganz alleine die Partnerwahl!
Gestehen Sie also auch Ihrem Frettchen ein „Gefühlsleben" zu. Sorgen Sie dafür, daß Ihre Fähe potentielle Deckrüden „zwanglos" außerhalb der Ranz auf „neutralem" Boden kennenlernt. Akzeptieren Sie, daß die Fähe den einen oder anderen Rüden nicht mag. Und bringen Sie immer den Rüden zur Fähe - nicht umgekehrt.

DIE PAARUNG

Bei Frettchen sieht die Paarung nicht gerade nach Liebesspiel aus: Der Rüde verbeißt sich im Nackenfell der Fähe und schleift sie umher. Die Fähe verfällt in eine Art Starre und kann begattet werden. Der Akt kann insgesamt mehrere Stunden andauern. Warten Sie ab, bis er von den Tieren selbst beendet wird.

TIP: Die Befruchtung der Eizellen findet bereits im Eierstock statt. Der Eisprung wird durch den Nackenbiß bei der Paarung ausgelöst und erfolgt erst ca. 30 Stunden nach der Paarung. Die Praxis hat gezeigt, daß ein „Nachdecken" nach einigen Tagen sinnvoll ist.

DIE TRÄCHTIGKEIT

Festzustellen, ob es sich um eine echte Trächtigkeit oder nur eine Scheinschwangerschaft handelt, fällt selbst dem mit modernster Technik ausgestatteten Tierarzt schwer, am ehesten geht es mit Ultraschall. Ich habe lange behauptet, die Welpen ab der vierten Schwangerschaftswoche tasten zu können. Aber seit sich bei mir eine „trächtige" Fähe als scheinschwanger erwiesen hat... Genau wissen Sie es erst nach 42 Tagen.
Entweder ist dann ein Wurf Welpen da, oder:
1. es handelte sich um eine Scheinschwangerschaft.
2. es gibt Geburtsschwierigkeiten und der Bauch ist nach wie vor fest und gespannt. Dann sollten Sie sofort den Tierarzt aufsuchen.

Fähe während der Ranz: Die Vulva schwillt merklich an.

MUTTERINSTINKTE

Die meisten Frettchenfähen sind sehr gute Mütter. Sie verteidigen ihre Welpen wütend und ziehen sie vorbildlich auf.
Wenn Ihre Fähe Sie widerstandslos an die Welpen läßt, ist das in meinen Augen kein „Vertrauensbeweis", sondern Instinktausfall. Frettchen sind keine Hunde! Mit dieser Fähe soll-

DIE WELPENENTWICKLUNG BEIM FRETTCHEN

Zeit	Entwicklungsschritte
1. Tag	Welpen wiegen 6–10 g und sind 5–10 cm lang. Zahnlos, blind, taub, von einem feinen, weißgrauen Flaum bedeckt „Kreiskriechen", pendelnde Kopfbewegungen, „Milchtritt". Nestgezwitscher.
ab 5. Tag	Welpen haben ihr Geburtsgewicht fast verdoppelt. Ohrhäute bilden sich, der Flaum erscheint grau, die Augen schimmern dunkel durch. Bewegungen wirken gezielter.
ab 10. Tag	Welpen nehmen Gerüche wahr. „Weinen" beim Nahen der Mutter oder wenn man die Welpen aufnimmt.
ab 14. Tag	Milcheckzähne beginnen durchzubrechen.
ab 17. Tag	Welpen beginnen sich umzufärben. Backenzähne brechen durch. Hörvermögen setzt ein. Wurfgeschwister werden „untersucht". Feste Nahrung wird „probiert".
ab 21. Tag	Die Mutter füttert regelmäßig feste Nahrung zu. Welpen suchen eine Ecke der Wurfkiste auf, um sich zu lösen. „Totschütteln" der festen Nahrung. Geruchsvermögen so ausgeprägt, daß Futter bis auf 50 cm Entfernung lokalisiert werden kann. Welpen kratzen sich. „Protestgeschrei", wenn sie von Geschwistern „angeknabbert" werden.
ab 30. Tag	Augen öffnen sich. Wurfkiste wird ab und an verlassen. Einwühlen in Nistmaterial. Welpen „quetschen" sich rückwärts in die Ecke, um sich zu lösen. Futter wird in Sicherheit gebracht und durch Strampeln und Quietschen verteidigt. Erste „Beißspiele" mit Nackenbiß.
ab 35. Tag	Analdrüsen sind funktionsfähig. Milchgebiß vervollständigt sich. Welpen sind weitgehend ausgefärbt. Erkunden der näheren Umgebung um die Wurfkiste. Bewegungsmotorik wird um Lecken von Bauch und Pfoten, Springen und Klettern erweitert. Jagd- und Kampfspiele mit Geschwistern
ab 42. Tag	Ersatzgebiß beginnt durchzubrechen. Die Mutter stellt das Säugen allmählich ein. Immer häufiger wird die Katzentoilette aufgesucht. Die Welpen sondern sich zum Schlafen von den Wurfgeschwistern ab.
ab 49. Tag – 56. Tag	Die Jungtiere werden weitestgehend selbständig und können nach dem 56. Tag an die neuen Besitzer abgegeben werden.

ten Sie zum ersten und zum letzten Mal gezüchtet haben. Wenn Sie einen Welpen in der ersten Woche wiederholt vor der Wurfkiste finden, obwohl Sie ihn wieder zurückgelegt haben, hat ihn die Mutter absichtlich entfernt, weil mit Ihm etwas nicht stimmt. Vertrauen Sie ihr und lassen Sie ihn einschläfern.

...auch beim Menschen

Viele Frettchenhalter können sich nicht darauf beschränken, der stille Beobachter zu sein. Der Pflegetrieb geht gewissermaßen mit ihnen durch.

Die in der Tabelle gemachten Angaben sind Durchschnittswerte. Daß es Abweichungen gibt, ist logisch. Es ist also unnötig, daß jeder Frettchenhalter täglich nachmißt und nachwiegt. Beschränken Sie sich auf kurze tägliche Nestkontrollen, ohne die Welpen zu berühren. Zu viel Störung schadet den Jungen eher.

Eine Frettchenfähe hat zwar nur 7 oder 8 Zitzen, totzdem kommt kein gesunder Welpe zu kurz. Eine Fähe füttert und pflegt ihre Welpen sehr gut ohne Hilfe.

TIP: Lassen Sie in den ersten Wochen der Natur ihren Lauf. Sie werden ab einem gewissen Zeitpunkt (4. bzw. 7. Lebenswoche der Welpen) noch genügend Betätigungsfelder als Frettchenpfleger finden.

Auch wenn die Welpen hilflos wirkeln: Die Pflege ist Sache der Mutterfähe!

ADRESSEN

1. Bundesverband der Frettchenfreunde Deutschlands e.V.
Dürkheimer Straße 72
65934 Frankfurt

Frettchen Club Berlin e.V.
c/o Kerstin Fritsch
Düsseldorfer Straße 14
10719 Berlin

Frettchen und Marder Club Deutschland e.V.
c/o Daniela Blanke
Eifelweg 16
30851 Langenhagen

Frettchen Club Nordrhein-Westfalen e.V.
c/o Michael Kalle
Bauernkamp 46
44339 Dortmund

Frettchenfreunde Nordrhein-Westfalen e.V.
c/o Alexandra Nagel
Rotkäppchenweg 16
44339 Dortmund

Frettchenfreunde Hessen e.V.
c/o Melanie Jerisch und Carlos Rego de Sousa
Berner Straße 20
60437 Frankfurt

Frettchen und Frettier Club Deutschland e.V.
c/o Wolfgang Schneider
Alte Frankfurter Straße 40
61118 Bad Vilbel

Frettchenfreunde Schwaben e.V.
c/o Thomas Arlt
Sparrhärmlingweg 64
70376 Stuttgart
Tel. 0711/5490888

Deutscher Tierschutzbund e.V.
Baumschulallee 15
53115 Bochum

Bund gegen den Mißbrauch der Tiere
Ohastetter Str. 13
72805 Lichtenstein

Schweiz

S.F.F.S. Swiss Fancy Ferret Society
c/o Urs Murbach
Hardstraße 41
CH-5432 Neuenhof

Schweizerischer Tierschutzbund e.V.
An der Birsfelder Str. 45
CH-4082 Basel

Österreich

Zentralverband Österreichischer Tierschuztvereine
Khleslplatz 6
A-1120 Wien

ZUM WEITERLESEN

Choukair, Karim:
Frettchen als Haustiere.
Kach-Verlag, Hanau, 1996.

Engel, Peter:
Frettchen und Frettieren.
2. Auflage, Mainz, 1996.

Frettchen Club Berlin e.V.
(Herausgeber):
Unsere Frettchen – liebenswerte Hausgenossen. 1995.
(Nur direkt über Herausgeber zu beziehen.)

Stubbe, Michael:
Buch der Hege.
Band 1 Haarwild. 5. Auflage
Berlin, 1989.

Wenzel, Ulf Dieter
(Herausgeber):
Das Pelztierbuch. Stuttgart, 1990.

Wenzel, Ulf Dieter:
Frettchen in der Kleintierpraxis.
Jena – Stuttgart, 1996.

Frettchen im Internet

Auch im Internet gibt es mittlerweile einige Homepages über Frettchen. Als Einsteigeradressen zu empfehlen:
http://www.frettchen.de und
http://www.oekoland.de/frettchenfreundeschwaben.de

Dank

Ich danke allen Frettchenhaltern, Jägern und Tierärzten, die in Gesprächen mein Wissen über die Tiere mehrten, vor allem aber Thomas Arlt, Rebecca A. Gürtler, Stefan Theierl, Angela Weinzierl, Heike und Michael Wiederstein, Kerstin Wiedl-Heger von den ‚Frettchenfreunden Schwaben e. V.', die ihr Wissen und ihre Erfahrungen für mich niederschrieben. Besonderer Dank gilt dem Verein ‚Frettchenfreunde Schwaben e. V.', dessen Mitglieder meine Forschungsvorhaben unterstützen und ihre Verwirklichung vorantreiben.

Martin Ullrich

REGISTER

62

BILDNACHWEIS

Horst Bielfeld (S. 30), Bernd Brinkmann (S. 23, 24o, 31, 35o, 36, 39, 43o), Ingeborg Polaschek – IPO (S. 4o, 5u, 9, 21, 45, 50, 51: 2, 53), Juniors Bildarchiv (U1 groß, S. 4u, 37r, 40), Regina Kuhn (U1 klein, U4 beide, Außenklappe beide, Innenklappe alle 7, S. 1 alle 3, S. 2 beide, 3, 8, 10u, 12: 2, 13, 14, 15, 17, 18, 19, 20o, 22, 25u, 26u, 27 beide, 29, 33, 37l, 38, 41, 43u, 46, 47, 48/49u, 54: 2, 55, 56, 57, 59), Kerstin u. Werner Layer (S. 26o, 28), Horst Mayer (S. 44), Reinhard Tierfoto (S. 5o, 6: 2, 7, 10ol+or), Ralf Roppelt – Sahara Werbeagentur / Kosmos (34, 49o), Christof Salata / Kosmos (S. 20 beide, 32 beide, 35), Annerose Schatter / Kosmos: (S.25o)

IMPRESSUM

Umschlagentwurf von Atelier Reichert, Stuttgart, unter Verwendung von 4 Farbaufnahmen von Juniors Bildarchiv (U1 groß) und Regina Kuhn (U1 klein, U4 beide).

Mit 78 Farbfotos.

Die Deutsche Bibliothek – CIP-Einheitsaufnahme

Quirlige Frettchen / Martin Ullrich. – Stuttgart : Kosmos, 2000
ISBN 3-440-07764-0

ISBN 3-440-07764-0
Lektorat: Claudia Sträb
Grundlayout: Atelier Reichert, Stuttgart
Gestaltung: Gisela Dürr, München
Satz: Atelier Krohmer, Dettingen/Erms
Printed in Germany / Imprimé en Allemagne
Druck und Buchbinder: Westermann Druck Zwickau GmbH, Zwickau

Alle Angaben in diesem Buch sind sorgfältig geprüft und geben den neuesten Wissensstand bei der Veröffentlichung wieder. Da sich das Wissen aber laufend in rascher Folge weiterentwickelt und vergrößert, muß jeder Anwender prüfen, ob die Angaben nicht durch neuere Erkenntnisse überholt sind. Dazu muß er zum Beispiel Beipackzettel lesen und genau befolgen sowie Gebrauchsanweisungen und Gesetze des jeweiligen Landes beachten.

Extra

DENKEN SIE DARAN!

Machen Sie sich diese wichtigen Punkte bewußt, bevor Sie sich für ein Frettchen entscheiden:

1. Frettchen sind als Pfleglinge für Kinder unter 10 Jahren nicht geeignet!
2. Frettchen können bis zu 15 Jahre alt werden – in dieser Zeit tragen Sie die Verantwortung für das Tier.
3. Frettchenhaltung kostet Geld: Neben den Anschaffungskosten für das Tier und die Grundausstattung fallen regelmäßig Futter- und Tierarztkosten an.
4. Haben Sie genügend Platz für mindestens einen geräumigen Käfig?
5. Frettchen müssen ständig frisches Futter und Wasser zur Verfügung haben. Können Sie das zweimal täglich kontrollieren?
6. Die Katzentoilette(n) der Tiere müssen 1–2x täglich gereinigt werden.
7. Sie müssen sich mehrere Stunden täglich mit den Tieren beschäftigen; vernachlässigte Frettchen werden häufig scheu und bissig.
8. Frettchen sind für eine ausschließliche Käfighaltung nicht geeignet, sie brauchen täglich mindestens zwei Stunden Freilauf.
9. Frettchen sind neugierig und haben einen ausgeprägten Spieltrieb, sie können während ihres Freilaufs einiges Unheil an Ihrer Wohnungseinrichtung anrichten.
10. Frettchen als Raubtiere haben auch nach einer Kastration einen typischen Eigengeruch, der von manchen Menschen als unangenehm empfunden wird.
11. Frettchen haben keine ausgesprochene Beißhemmung dem Menschen gegenüber. Können Sie die eine oder andere Blessur verkraften?
12. Wer versorgt die Frettchen während Ihres Urlaubs? Diese Frage muß rechtzeitig geklärt werden.

SO IST'S RECHT

Frettchen in der Mietwohnung
Frettchen sind „Käfigtiere", deren Haltung daher auch dann erlaubt ist, wenn der Mietvertrag eine Haustierhaltung nicht gestattet. Allerdings darf von den Tieren weder eine Lärm- noch Geruchsbelästigung für andere Hausbewohner ausgehen. Es kann aber auch geschehen, daß ein Gericht Ihr Frettchen als in unserem Kulturkreis „nicht übliches Haustier" einstuft und seine Haltung als „sittenwidrig" bezeichnet. Schlangenhaltern ist dergleichen schon passiert.
Also: Lieber vorher mit dem Vermieter und den anderen Hausbewohnern reden.

Frettchenbiß
Die meisten Frettchen mögen es nicht, unvermittelt von fremden Personen angefaßt zu werden und beißen dann schon mal zu. Das kann bei Spaziergängen geschehen oder auch, wenn Sie Besuch bekommen. Manche Frettchen zeigen sich da als „Wachfrettchen". Ein Frettchen gilt als „gezähmtes Kleintier" und ist damit normalerweise in der Privathaftpflicht des Besitzers mitversichert.
Aslo: Fragen Sie nach, ob Ihre Versicherung das genauso sieht!

Extra

TIERPASS FÜR MEINE FRETTCHEN

Name: ____________________ Geschlecht: ____________________

Fellvariante: ____________________ Chip: ja / nein ____________________

Farbe: ____________________ bes. Merkmale: ____________________

geboren am: ____________________ übernommen am: ____________________

Name: ____________________ Geschlecht: ____________________

Fellvariante: ____________________ Chip: ja / nein ____________________

Farbe: ____________________ bes. Merkmale: ____________________

geboren am: ____________________ übernommen am: ____________________

Tierarzt: ____

____

Impfungen: ____

____

Entwurmungen: ____

____

bisherige Erkrankungen: ____

____